초강력! 세계 UMA 미확인 생물 대백과

감수
아마노 미치히로

UMA의 수수께끼를 풀어라!

UMA란

생물학적으로 확인되지 않은 생명체를 미확인 생물이라 하는데, 이것을 영어로 번역한 'Unidentified Mysterious Animal'의 머리글자를 따서 만들어진 호칭이에요. 100년 전, 혹은 그 이전부터 세계 각지에서 목격 정보가 보고되었어요. 모습은 각각의 UMA에 따라 다른데, 공룡의 형상에서 공상에 가까운 모습의 생물까지 매우 다양하답니다. 지금 이 순간에도 많은 사람들이 UMA의 존재를 연구, 조사하고 있어요. 이 책에서는 여러분께 그 결과와 정보들을 소개할 거예요.

왜 정체를 알 수 없을까?

UMA의 정체를 알 수 없는 이유에는 몇 가지가 있어요. 예컨대 상세한 조사가 이루어지기 전에 멸종해 버렸거나 무언가 다른 생물을 UMA로 착각했을 경우, 혹은 애초에 목격 증거가 거짓인 경우도 배제할 수 없어요. 지구상에는 아직까지 인간이 가 보지 못한 장소가 매우 많지요. 그리고 UMA의 대부분은 인간이 사는 곳과는 멀리 떨어진 장소에서 서식해요. 하지만 과학 기술이 발전하고 조사가 계속되는 한, 언젠가 이 책에서 소개하는 UMA들도 정식 동물로 인정받는 날이 분명히 올 거라고 생각해요.

우주인도 UMA?

UMA 중에는 그 정체가 우주인이라는 소문이 꼬리에 꼬리를 물며 퍼지는 것들도 있어요. 하지만 우주인과 UMA는 별개의 것이랍니다. 목격자가 있고 정체가 불분명하다는 공통점은 있지만, UMA는 지구 어딘가에 서식하는 야생성을 지닌 생물인데 반해 우주인은 우주 그 어딘가에서 온 생명체로, 인간과 동일한 수준 혹은 그 이상의 지능을 가졌을 것으로 추정되지요.

미확인 생물학

정말로 존재할지 의심스러운 것, 이른바 초자연(Occult)적인 분야와 동일하게 볼 수도 있지만 미확인 생물학은 과학의 한 분야로서 UMA을 독립적으로 연구하고 있어요. 주요 연구 방법은 UMA의 목격 정보나 서식 장소를 과학적으로 조사하는 거예요. 이러한 연구는 그 존재의 진위를 밝힘과 동시에 생물로서의 진화나 다른 신종 생물의 유무 등 새로운 과학적 발견으로 이어지기도 해요. 어떤 과학 분야에서나 중요한 점은 찾고 연구하는 마음, 즉 '탐구심'이에요. 꼭 이러한 자세로 UMA 세계를 탐험해 나가길 바라요.

차례

- UMA의 수수께끼를 풀어라! — 2
- UMA 리스트 — 10
- 책을 보는 방법 — 12

1장 육상 UMA — 13

- 저지 데블 — 14
- 마핑과리 — 16
- 스크베이더 — 18
- 빅 버드 — 20
- 샌드 드래곤 — 24
- 이리오모테살쾡이 — 26
- 카벙클 — 28
- 윙캣 — 29
- 고우로우 — 30
- 오리티우 — 32
- 난디곰 — 34

- 다르쿠 — 40
- 로펜 — 42
- 츠치노코 — 44
- 그루츠랑 — 48
- 에일리언 빅캣 — 50
- 콩가마토 — 52
- 이노곤 — 53
- 기아파이로 — 54
- 재카로프 — 56
- 제보당의 괴수 — 58
- 타구아 타구아 라군 — 62
- 와일드 해기스 — 64
- 플라잉 호스 — 65
- 에밀라 은투카 — 66
- 칠레의 익룡형 UMA — 68
- 타첼부름 — 70

2장 인간형 UMA 75

- 아울맨 — 76
- 스컹크 유인원 — 78
- 예티 — 80
- 오랑 이칸 — 84
- 고트맨 — 86
- 모노스 — 88

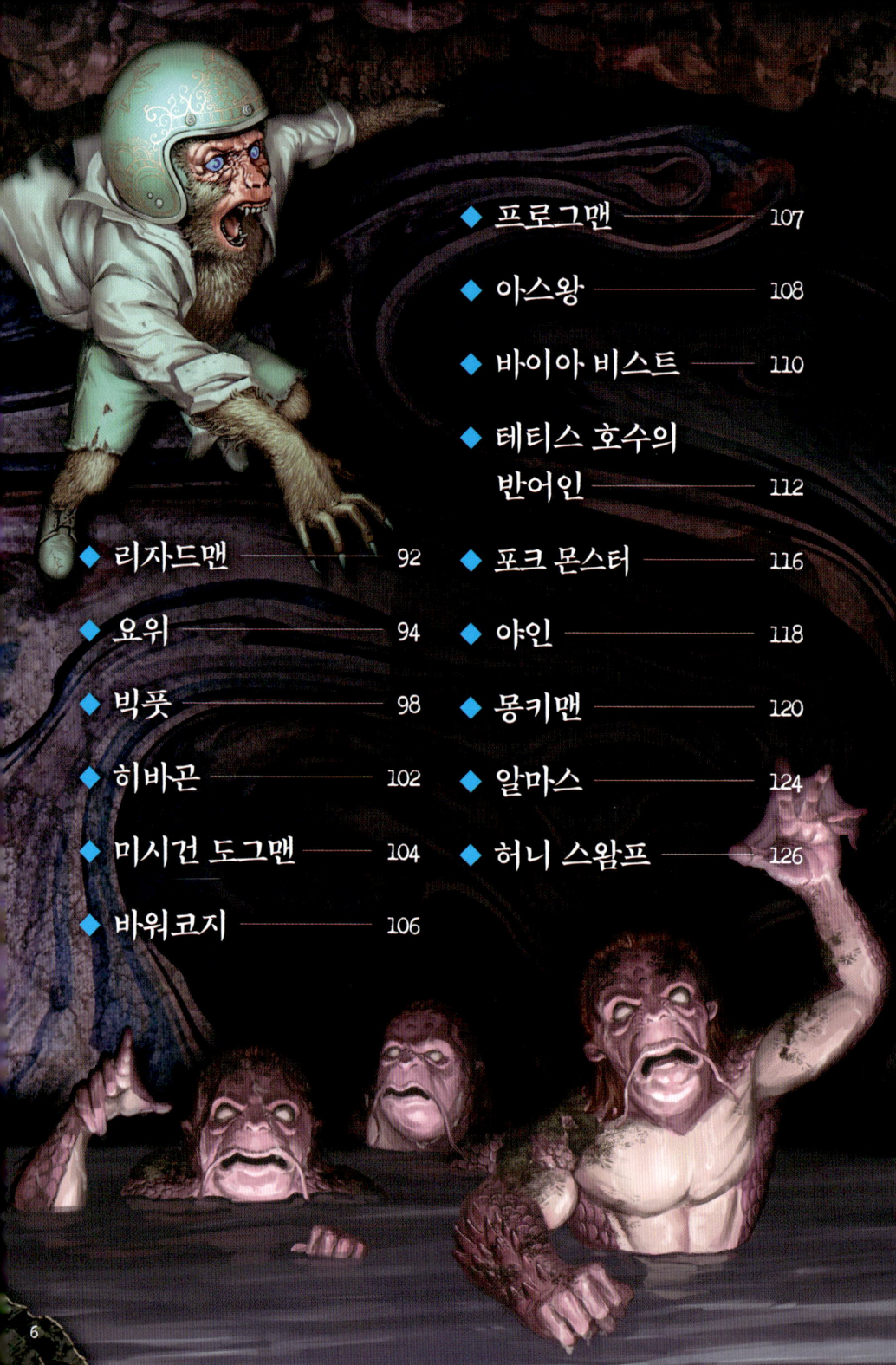

- ◆ 리자드맨 — 92
- ◆ 요위 — 94
- ◆ 빅풋 — 98
- ◆ 히바곤 — 102
- ◆ 미시건 도그맨 — 104
- ◆ 바워코지 — 106
- ◆ 프로그맨 — 107
- ◆ 아스왕 — 108
- ◆ 바이아 비스트 — 110
- ◆ 테티스 호수의 반어인 — 112
- ◆ 포크 몬스터 — 116
- ◆ 야인 — 118
- ◆ 몽키맨 — 120
- ◆ 알마스 — 124
- ◆ 허니 스왐프 — 126

3장 수중 UMA　129

- ◆ 반 호수의 괴물 ——— 130
- ◆ 닌키 난카 ——— 132
- ◆ 시 서펜트 ——— 134
- ◆ 챔프 ——— 138
- ◆ 트렁코 ——— 140
- ◆ 셀마 ——— 142
- ◆ 나가 ——— 144
- ◆ 미고 ——— 148
- ◆ 스토르시에 ——— 149
- ◆ 나후엘리토 ——— 150
- ◆ 루스카 ——— 152
- ◆ 나미타로 ——— 154
- ◆ 인카냠바 ——— 158
- ◆ 캐디 ——— 160
- ◆ 네시 ——— 162
- ◆ 오고포고 ——— 168
- ◆ 굿시 ——— 170
- ◆ 잇시 ——— 172

- ◆ 페이스테 —— 182
- ◆ 하일 호수의 괴수 —— 184
- ◆ 멤프레 —— 188
- ◆ 카바곤 —— 173
- ◆ 남극 고질라 —— 190
- ◆ 스크림슬 —— 174
- ◆ 뉴네시 —— 191
- ◆ 크라켄 —— 176
- ◆ 모르가우어 —— 192
- ◆ 닝보 —— 180
- ◆ 모켈레 음벰베 —— 194

4장 이형 UMA 199

- ◆ 토올 —— 200
- ◆ 태세 —— 216
- ◆ 스카이 피시 —— 202
- ◆ 나이트 크룰러 —— 218
- ◆ 글룹스터 —— 204
- ◆ 베이티르 —— 220
- ◆ 미노카오 —— 208
- ◆ 응덴덱키 —— 210
- ◆ 플랫우즈의 괴물 —— 212

- 추파카브라 —————— 222
- 즈바 포피 —————— 226
- 콘 리트 —————— 228
- 플라잉 웝 —————— 232
- 모스맨 —————— 234
- 플라잉 휴머노이드 —————— 236
- 라이트 빙 —————— 237
- 그림자 인간 —————— 238
- 남극 닝겐 —————— 240
- 도버 데몬 —————— 244
- 익스플로딩 스네이크 —————— 246
- 휴머노이드형 UMA —————— 248
- 몽골리안 데스 웜 —————— 250

- 위험한 UMA 랭킹 —— 38
- 미지의 땅 —— 74
- 거대 UMA 랭킹 —— 96
- 생명의 진화 —— 128
- UMA였던 생물 —— 166
- 심해의 생물 —— 198
- 일본의 UMA는 요괴? —— 230
- UMA 서식 지도 —— 254

UMA 리스트

ㄱ

고우로우 ····· 30
고트맨 ····· 86
굿시 ····· 170
그루츠랑 ····· 48
그림자 인간 ····· 238
글롭스터 ····· 204
기아파이로 ····· 54

ㄴ

나가 ····· 144
나미타로 ····· 154
나이트 크롤러 ····· 218
나후엘리토 ····· 150
난디곰 ····· 34
남극 고질라 ····· 190
남극 닝겐 ····· 240
네시 ····· 162
뉴네시 ····· 191
닌키 난카 ····· 132
닝보 ····· 180

ㄷ

다르쿠 ····· 40
도버 데몬 ····· 244

ㄹ

라이트 빙 ····· 237
로펜 ····· 42
루스카 ····· 152
리자드맨 ····· 92

ㅁ

마핑과리 ····· 16
멤프레 ····· 188
모노스 ····· 88
모르가우어 ····· 192
모스맨 ····· 234
모켈레 음벰베 ····· 194
몽골리안 데스 웜 ····· 250
몽키맨 ····· 120
미고 ····· 148
미노카오 ····· 208
미시건 도그맨 ····· 104

ㅂ

바워코지 ····· 106
바이아 비스트 ····· 110
반 호수의 괴물 ····· 130
베이티르 ····· 220
빅 버드 ····· 20
빅풋 ····· 98

ㅅ

샌드 드래곤 ····· 24
셀마 ····· 142
스카이 피시 ····· 202
스컹크 유인원 ····· 78
스크림슬 ····· 174
스크베이더 ····· 18
스토르시에 ····· 149
시 서펜트 ····· 134

ㅇ

아스왕 …………………………………… 108
아울맨 …………………………………… 76
알마스 …………………………………… 124
야인 ……………………………………… 118
에밀라 은투카 ………………………… 66
에일리언 빅캣 ………………………… 50
예티 ……………………………………… 80
오고포고 ………………………………… 168
오랑 이칸 ……………………………… 84
오리티우 ………………………………… 32
와일드 해기스 ………………………… 64
요위 ……………………………………… 94
윙캣 ……………………………………… 29
응덴덱키 ………………………………… 210
이노곤 …………………………………… 53
이리오모테살쾡이 ……………………… 26
익스플로딩 스네이크 ………………… 246
인카남바 ………………………………… 158
잇시 ……………………………………… 172

ㅈ

재카로프 ………………………………… 56
저지 데블 ……………………………… 14
제보딩의 괴수 ………………………… 58
즈바 포피 ……………………………… 226

ㅊ

챔프 ……………………………………… 138
추파카브라 ……………………………… 222
츠치노코 ………………………………… 44
칠레의 익룡형 UMA …………………… 68

ㅋ

카바곤 …………………………………… 173
카벙클 …………………………………… 28
캐디 ……………………………………… 160
콘 리트 ………………………………… 228
콩가마토 ………………………………… 52
크라켄 …………………………………… 176

ㅌ

타구아 타구아 라군 …………………… 62
타첼부름 ………………………………… 70
태세 ……………………………………… 216
테티스 호수의 반어인 ………………… 112
토욜 ……………………………………… 200
트렁코 …………………………………… 140

ㅍ

페이스테 ………………………………… 182
포크 몬스터 …………………………… 116
프로그맨 ………………………………… 107
플라잉 웜 ……………………………… 232
플라잉 호스 …………………………… 65
플라잉 휴머노이드 …………………… 236
플랫우즈의 괴물 ……………………… 212

ㅎ

하일 호수의 괴수 ……………………… 184
허니 스왐프 …………………………… 126
휴머노이드형 UMA …………………… 248
히바곤 …………………………………… 102

책을 보는 방법

UMA의 그림
UMA의 대표적인 모습을 그렸다.

해설
UMA의 특징과 목격 정보를 소개했다.

UMA 사건 수첩
목격 증언을 바탕으로 UMA가 나타난 상황과 관련 자료를 소개했다.

UMA 이름

UMA 데이터

- **레어도**: UMA의 희귀성을 3개의 ★로 나타냄. ★의 수가 많을수록 레어도가 높음
- **몸길이**: UMA의 크기를 나타냄
- **모습**: UMA가 어떤 모습을 하고 있는지 나타냄
- **특징**: UMA의 능력, 다른 동물과 인간에게 하는 행동
- **국가·지역**: UMA가 목격된 주요 지역
- **장소**: UMA가 사는 장소나 출현하는 주요 장소
- **가설**: UMA의 정체에 대해 유력한 설

1장

육상 UMA

육상에서 생활하거나, 하늘을 나는 생물은 인간에게 발견되기 쉬워요. 하지만 인간의 눈과 발길이 닿지 않는 곳에서 몰래 살아가는 UMA도 있어요.

UMA 데이터

- **레어도** ★★★
- **몸길이** 1~1.8m
- **장소** 마을, 농장
- **모습** 말 혹은 사슴과 비슷한 머리. 등에는 날개가 있음
- **특징** 동작이 빠르고 자유롭게 하늘을 날아다님
- **국가·지역** 미국
- **가설** 익룡의 후손, 망치머리박쥐

1장

저지 데블

하늘을 자유롭게 날아다니는 동물? 악마?

저지 데블은 다양한 동물을 합성해 놓은 듯한 모습을 하고 있어요. 머리는 말과 사슴, 양의 모습을 하고 있고 눈은 붉은색을 띠어요. 등에는 박쥐의 날개, 엉덩이에는 가늘고 긴 꼬리가 있어요. 자유롭게 하늘을 날며 날카로운 발톱과 이빨로 가축이나 인간을 덮쳤고, 200년 전부터 미국의 뉴저지주를 중심으로 각 지역에서 농장의 개를 습격해 죽였다는 목격담이 보고되고 있어요.

1999년에는 조사 팀 '데블 헌터(The Devil Hunter)'가 결성되었고, 여성의 비명보다 더 새된 울음소리를 녹음하는 데 성공했답니다.

저지 데블과 관련해 미국의 뉴저지주에 전해 내려오는 전설에 따르면 엄마가 갓난아이에게 주술을 걸어 악마로 변하게 했다고 해요. 또한 지금으로부터 약 6,600만 년 이전에 살았던 익룡의 후손이란 설도 있는데 그 진상은 밝혀지지 않았어요.

UMA 사건 수첩

망치머리박쥐의 박제. 목격 증언의 특징을 보면, '저지 데블'은 이 생물이 거대해졌을 가능성이 큽니다.

마핑과리

가축의 혀를 잡아 뽑는 남미의 이족 보행 괴물!

마핑과리는 남미의 '빅풋'(➡P98)이라고도 하는데 주로 아마존 일대에서 목격되지요. 곰 정도의 크기로, 손발에는 크고 긴 발톱이 있어요. 이 발톱으로 가축을 덮쳐 혀를 잡아 뽑는 매우 포악한 생물이에요.

목격 정보에 따르면, 온몸이 검은색과 갈색 털로 덮여 있다고 해요.

'마핑과리'의 정체는 미발견 유인원이란 의견이 유력하지만, 자이언트 그라운드 나무늘보의 후손이라고 주장하는 사람도 있어요. 동물학자인 데이비드 오렌이 그중 하나인데, 박사는 〈뉴욕 타임스〉지와의 인터뷰에서 "멸종한 자이언트 그라운드 나무늘보의 일종이 남미에 서식하고 있을 겁니다."라고 밝혔어요.

박사의 의견이 마핑과리의 정체에 관한 일반적인 설이 되었지만, 목격된 아마존 일대는 미개척지가 많아 미발견 유인원일 가능성도 충분하므로 앞으로의 조사를 기대해 보아야겠어요.

UMA 데이터

레어도 ★★	**특징** 크고 긴 발톱으로 사냥감을 덮침
몸길이 1~2m	
장소 숲	**국가·지역** 브라질
모습 온몸이 검은색과 갈색의 털로 덮여 있음	**가설** 미발견 유인원

UMA 사건 수첩

스크베이더가 있다는 스웨덴 순스발의 경치. 땅이 이렇게 넓으니 아직 한 번도 본 적 없는 생물이 살고 있다고 해도 이상할 것이 없겠지요.

스크베이더

토끼와 뇌조의 합체 생물?

스크베이더는 스웨덴의 미확인 생물의 하나로, 모습이 매우 기괴하다고 해요. 상반신은 토끼, 하반신은 뇌조의 모습을 하고 있기 때문이지요. 꼬리가 긴 것이 특징이지만 울음소리나 다른 사항은 자세히 알려지지 않았어요.

이 스크베이더는 원래 20세기 초, 호칸 달마크(Håkan Dahlmark)라는 남자의 무용담을 통해 알려졌어요. 그는 사냥에서 새와 토끼의 특징이 뒤섞인 괴이한 동물 스크베이더를 잡았고, 그 그림을 현지 순스발의 박물관에

기증했어요. 이를 바탕으로 루돌프 그랜버그라는 장인이 박제로 재현, 박물관에 전시하게 되었어요. 이후 스크베이더는 마을의 상징이 되어 많은 사람들에게 사랑을 받았지만, 그 정체는 아직까지 밝혀지지 않고 있어요.

UMA 데이터

레어도	★★☆
몸길이	50~80cm
장소	숲
모습	상반신은 토끼, 하반신은 뇌조
특징	불명
국가·지역	스웨덴
가설	신종 생물

날카로운 부리로 인간과 작은 동물을 채 가는 괴조!

미국 각지에서 목격되는 거대한 새예요. 날개를 펼치면 몸길이가 3~8m나 되는데 간혹 10m를 넘는 녀석도 있어요. 미국의 원주민인 인디언 사이에서는 예로부터 괴조의 전설이 전해지고 있어요. 선더버드라 불리는 거대한 새로, 우뢰와 함께 나타나 자유롭게 번개를 다루며 사냥한다고 해요. 이 선더버드를 빅 버드와 동일한 생물로 보도하는 경우가 많아요.

1960~1970년대에는 워싱턴주와 유타주 등에서 작은 비행기 크기의 괴조가 목격되었어요.
그리고 1977년에는 거대한 새가 3명의 소년을 덮쳐 그중 한 명을 낚아채 갔다고 해요. 한편 2003년에는 뉴햄프셔주에서, 2008년에는 몬태나주에서 빅 버드의 모습이 카메라에 찍혔어요.

1장 빅 버드

UMA 데이터

- **레어도**: ★★
- **몸길이**: 3~10m
- **모습**: 몸집이 매우 크며, 매 등의 조류와 매우 유사함
- **특징**: 날카로운 발톱과 부리로 인간과 작은 동물을 덮침
- **장소**: 하늘
- **국가·지역**: 미국
- **가설**: 조류의 돌연변이

UMA 사건 수첩
빅 버드

File 1 빅 버드의 정체는?

빅 버드는 몸길이가 3m가 넘는 캘리포니아콘도르와 비슷해요. 그런데 목격된 정보에 따르면 10m가 넘기도 한다니, 캘리포니아콘도르만으로는 설명이 되지 않아요. 동일한 조류 중에 지금으로부터 6백만 년 이전에 실존했던 아르젠타비스일 것이란 설도 있어요. 이 새는 몸무게가 80kg, 길이가 7m로 빅 버드와 특징이 일치해요.

날개를 펼치면 매우 거대한 캘리포니아콘도르.

1장

File 2 썬더버드와 같은 종족일까?

북아메리카 원주민의 바위 유적에는 괴조의 그림이 그려져 있어요. 썬더버드라 불리는 이 새는 원주민들에겐 두려움의 존재랍니다. 썬더버드는 호수 속에서 나와 천둥과 번개를 부른다고 해요. 사실 이 썬더버드의 특징은 빅 버드와 매우 유사하지요. 때문에 두 UMA를 동일하게 여기는 사람도 있어요. 덧붙이자면, 썬더버드는 원주민이 만든 전통 조각인 토템폴에서 많이 볼 수 있어요.

토템폴에 새겨진 썬더버드의 조각.

File 3 가까스로 살아 돌아온 소년

1997년 7월 25일, 일리노이주에서 무서운 사건이 발생했어요. 오후 9시경 세 명의 소년이 집 뒤뜰에서 놀고 있는데 거대한 새 두 마리가 나타나 소년들을 덮쳤어요. 두 명은 무사히 도망쳤지만 어깨를 움켜잡힌 한 명은 공중으로 솟구쳐 올랐어요. 소년은 필사적으로 저항했고 겨우 도망칠 수 있었다고 해요. 이 거대한 새가 바로 빅 버드라고 해요.

23

샌드 드래곤

몸을 위아래로 구불거리는 난폭하고 거대한 뱀?

샌드 드래곤은 미국 텍사스주의 사막에 나타나는 거대한 미확인 생물이에요. 몸길이는 5m 이상이고 몸엔 검은색과 갈색의 얼룩무늬가 있으며, 손발이 없는 이무기의 모습을 하고 있어요. 뱀은 좌우로 몸을 구불거리며 이동하는 데 비해 샌드 드래곤은 몸을 위아래로 구불거리며 앞으로 나아가요. 게다가 점프 능력이 뛰어나 10m 이상 날아오르는 모습을 보았다는 목격자의 증언도 있어요. 성격이 매우 난폭하고 가축을 죽이는가 하면 인간을 덮치기도 해요.

여러 차례 목격되었지만 목격자들이 무서워서 가까이 다가가지 못해 자세한 특징에 관해서는 거의 알려진 것이 없어요.

일설에는 뱀이 돌연변이를 일으켜 거대해진 것이란 추측도 있지만 목격 정보가 적어 상세한 내용은 불분명한 상태예요. 때문에 향후 조사에 기대가 실리고 있어요.

UMA 데이터

- **레어도**: ★★★
- **몸길이**: 5m 이상
- **장소**: 사막
- **모습**: 뱀의 몸, 검은색과 갈색의 얼룩무늬가 있는 피부
- **특징**: 긴 몸을 위아래로 구불거리며 이동
- **국가·지역**: 미국
- **가설**: 뱀의 돌연변이

UMA 사건 수첩

2003년 12월, 미국의 텍사스주 황야에서 샌드 드래곤이 카메라에 찍혔어요. 자벌레처럼 몸을 위아래로 구불거리며 이동했다고 해요. 현지에서의 목격 정보는 많지만 인간을 덮치려 하기 때문에 마주친 사람은 바로 도망치므로 자세한 정보는 알려지지 않고 있어요.

이리오모테살쾡이

이리오모테 섬에서 목격되는 거대 고양이형 맹수!

오키나와현의 이리오모테 섬에 나타나는 거대한 살쾡이랍니다. 이 섬에 서식하는 이리오모테산고양이보다 두 배 이상 커요. 그 큰 몸으로 3m 이상이나 점프한다니 놀라울 따름이에요.
몸의 표면에는 표범과 같은 얼룩무늬가 있고 먹잇감을 꿰뚫기라도 할 것 같은 날카로운 눈매가 특징이지요. 꼬리는 땅에 닿을 정도로 길게 늘어져 있어요. '이리오모테살쾡이'는 이 지방의 말로 '눈이 빛나는 존재'를 뜻해요.

지금까지 섬 주민의 목격 정보가 수십 건이나 접수되고 있어요. 2007년에는 해변에서 대학교수가 공격을 받았다고 신문에 실리기도 했어요.
평상시는 숲속에 숨어 있다가 새 등의 생물을 잡아먹는 것으로 보여요. 이 살쾡이는 멸종 위기종인 이리오모테산고양이와 공통점이 많아 무언가 연관성이 있는 것으로 추정하고 있답니다.

UMA 사건 수첩

이리오모테산고양이의 박제. 이리오모테살쾡이와 모습이 꼭 닮았어요. 그 연관성에 관해서는 아직 밝혀지지 않았답니다.

카벙클

이마에 보석이?
신비한 작은 동물

카벙클은 16세기 스페인의 시인 마틴 델 바르코 센테네라(Martin del Barco Centenera)의 책에 등장하는 생물이에요. 그는 파라과이에서 이 생물을 목격하고 그 모습을 '이마에 빛나는 보석이 있는 작은 동물'이라고 기술했어요. 센테네라는 이 생물을 찾아 정글을 돌아다녔지만 다시는 볼 수 없었다고 해요.
또 다른 목격담에서는 원숭이나 다람쥐에 가깝다는 설도 있어요. 전설에 따르면 이 보석을 손에 넣으면 큰 부를 얻게 된다고 해요.

UMA 데이터

레어도	★★★
몸길이	7~10cm
장소	숲
모습	원숭이와 다람쥐를 닮은 작은 동물
특징	이마에 보석이 있음
국가·지역	파라과이
가설	불명

윙캣

전 세계에 출몰! 날개 달린 고양이

윙캣은 이름 그대로 어깨나 허리에 날개가 달린 고양이에요. 크기는 50cm 전후이고, 날개 길이는 10~30cm로 하늘을 날아다닌다고 해요. 지금까지 100건 이상의 목격담이 보고되었고 카메라에도 찍혔어요. 19세기 책에도 등장하는 생물로, 현재까지 세계 각지에서 목격되고 있어요. 큰 것은 몸길이가 3m나 된답니다. 날개의 정체는 피부가 변형된 것이란 설이 가장 유력해요.

UMA 데이터

레어도	★★★
몸길이	50cm~3m
장소	마을
모습	모습은 고양이지만 어깨, 허리에 날개가 있음
특징	하늘을 날 수 있는 날개. 날카로운 발톱
국가·지역	세계 각지
가설	피부에 변형이 생긴 고양이

고우로우

몸길이 6m의 거대 도마뱀!

고우로우는 미국, 아칸소주의 오자크 산지에 서식한다고 알려진 거대한 도마뱀이에요. 몸무게가 약 350kg, 몸길이는 6m에 달하며 바위 밭이나 동굴에서 생활해요. 두껍고 단단한 피부는 매우 튼튼해요. 동물이나 새, 곤충을 잡아먹는데, 물거나 긴 꼬리를 내리쳐 먹잇감을 사냥해요. 원래 고우로우는 신화에 나오는 전설의 괴물이었어요. 19세기 말, 윌리엄 밀러라는 사람이 물속에서 나타난 고우로우를 죽였다는 기록이 남아 있어요.
또한 1951년에는 반스 랜돌프라는 민속학 연구자가 책을 통해 고우로우를 목격했다고 발표했어요. 정체와 관련해서는 거대한 악어가 아닐까 하는 설이 있어요. 하지만 오자크 고원에는 악어가 없기 때문에 그 주장을 의심하는 사람도 많아요.

UMA 데이터

- **레어도** ★★★
- **몸길이** 6m
- **장소** 산, 물가
- **모습** 도마뱀이 거대해진 모습으로, 피부가 매우 두꺼움
- **특징** 긴 꼬리를 내리쳐 먹잇감을 사냥함
- **국가·지역** 미국
- **가설** 왕도마뱀, 악어

UMA 데이터

- **레어도** ★★★
- **몸길이** 2~3.5m
- **장소** 하늘
- **모습** 날개와 긴 부리를 가진 익룡의 모습
- **특징** 박쥐와 비슷한 날개로 하늘을 날아다님
- **국가·지역** 카메룬
- **가설** 익룡, 큰박쥐

1장

오리티우

하늘에서 급강하! 인간을 덮치는 사납고 포악한 UMA

아프리카 카메룬의 산악 지대에 서식한다는 괴조예요. 날개를 펼치면 몸길이가 2m 이상이나 되지요. 날개가 마치 박쥐처럼 생겼고, 큰 부리와 날카로운 이빨을 가지고 있어요. 고기를 매우 좋아하고, 하늘에서 갑자기 나타나 동물과 인간을 덮치는 난폭한 생물이에요.
1932년에 오리티우가 세계적으로 유명해진 사건이 있었어요. 동물학자 아이반 샌더슨이 급강하하는 괴조에게 습격을 받은 것이죠. 그의 증언에 따르면, 그 생물의 크기가 3.5m나 되었고 마치 날개 돋친 공룡 같았다고 해요. 사실 박쥐일 거란 설도 있지만, 오리티우의 크기는 큰박쥐의 2배나 된답니다.
이 밖에도 현지 사람들이 두려워하는 전설의 괴조 '콩가마토'(➡P52)와 마찬가지로 익룡이라는 설도 있어요.

UMA 사건 수첩

1932년 아프리카에서 아이반 샌더슨이란 동물학자가 오리티우에게 습격을 당했어요. 날개를 펼친 오리티우의 크기는 3.5m나 되었다고 해요. 이 목격 정보를 계기로 익룡형 UMA로 널리 알려지게 되었어요.

날카로운 엄니로 공격해 뇌를 먹는 사나운 곰!

난디곰

뇌를 먹는 생물로 유명한 무서운 곰이에요. 아프리카 케냐의 난디 지방에 서식한다고 해요. 1919년, 이 지방에서 난디곰이 양 7마리를 공격해 뇌를 먹은 사건이 발생했어요. '난디곰'은 곰과 닮았다는 점에서 붙은 이름으로, 현지에서는 옛날부터 악마란 의미의 '치미셋(Chimiset)'이라 불렀어요. 몸길이는 3.5m, 몸무게는 200kg이나 나가요. 귀가 매우 작은 것이 특징인 이 생물은 엄니가 매우 날카롭고 뒷발로 서서 사냥감을 덮쳐요. 뒷발이 앞발보다 훨씬 짧기 때문에 체형이 하이에나와 비슷하다고 해요.

난디곰의 존재는 20세기에 들어 알려지게 되었어요. 영국의 탐험대가 난디 지방에서 곰과 유사한 생물을 발견, 조사를 시작한 것이 계기가 되었어요. 정체와 관련해 아프리카에서는 멸종한 큰곰이란 설, 또는 1만 2천 년 전까지 살았던 동굴곰이란 설이 있어요.

UMA 데이터

레어도	★★★
몸길이	3.5m
장소	산, 숲
모습	곰의 모습을 하고 있지만 뒷발이 매우 짧음
특징	엄니가 매우 날카롭고, 먹이의 뇌를 먹음
국가·지역	케냐
가설	큰곰, 동굴곰

UMA 사건 수첩

난디곰

File 1 고대 생물 칼리코테리움의 후손

난디곰은 고대 생물 칼리코테리움의 후손일 것이라고 해요. 칼리코테리움은 지금으로부터 약 258만 년 전에 서식했던 동물로, 몸은 말과 비슷한데 발굽 대신 갈고리발톱이 있어요.

몸길이는 2m, 크기는 1.8m로 난디곰에 비해 조금 작은 편이에요. 이 생물은 뒷발에 비해 앞발이 매우 긴데, 이러한 특징이 난디곰과 일치해요.

고대 생물 칼리코테리움의 상상도와 화석.

File 2. 사냥감의 머리를 으깨 뇌를 먹는다

난디곰이 사냥감의 뇌를 먹는다고 하여 현지 사람들은 '게테이트(뇌를 먹음)'나 '치미셋(악마)'이라 불렀어요.
날카로운 엄니가 있기 때문에 단단한 머리뼈도 문제가 되지 않았을 거예요.
실제로 1919년에는 난디 지방에서 양 7마리를 죽이고 뇌를 먹어 치운 사건이 발생했어요.
난디곰은 야간에 활동하고 이따금 사람을 덮치기도 하므로 주의해야 해요.

> 난디곰은 특히 양의 뇌를 좋아한다고 해요.

File 3. 멸종한 곰?

난디곰은 아프리카에서 멸종한 큰곰의 후손이란 설도 있어요. 과거 북아프리카에 살았던 큰곰 아그리오테리움의 후손이 남쪽으로 내려와 현재에도 살고 있을 것이라는 의견이지요.

또한, 1만 2천 년 전에 서식했던 동굴곰의 후손이란 설도 있어요. 단, 동굴곰은 체형이 하이에나와는 다르기 때문에 큰곰의 후손이란 설 쪽이 더 유력해요.

위험한 UMA 랭킹

UMA 중에는 다른 동물을 덮치는 난폭한 녀석들이 많아요. 그중에서도 특히 인간에게 위해를 가하는 매우 위험한 UMA를 랭킹 형식으로 소개할게요. 만일 마주치거나 발견해도 가까이 가면 안 된다는 점을 명심하세요.

1위 제보당의 괴수

프랑스에서 100명 이상의 사상자를 낸 UMA. 주로 여성과 어린이처럼 약한 대상을 노리는 무서운 UMA예요.

➡P58

2위 닌키 난카

이 생물을 본 사람은 불행히도 몇 주 뒤에 의문의 병에 걸려 죽게 된다고 해요.

➡P132

3위 아스왕

하늘을 나는 섬뜩한 모습의 흡혈 UMA. 공격당한 사람은 몸에서 많은 양의 피가 빠져나간 상태였어요.

➡P108

4위 몽골리안 데스 웜

독을 뿜거나 전류를 방출하는 UMA. 다수의 조사대가 독으로 사망했어요.

➡P250

5위 추파카브라

가축과 인간을 덮치는 흡혈 UMA. 몸이 인간만큼 크진 않지만 피해 건수가 1,000건을 넘어요.

UMA 사건 수첩

다르쿠가 나타난 매크로스 호수의 사진. 물고기와는 전혀 다른 그림자가 나타났다고 해요.

다르쿠

1장

보트를 덮쳐 인간을 잡아먹는 살인 수달!

다르쿠는 아일랜드의 호일 호수와 매크로스 호수에 자주 나오는 UMA랍니다. 이 다르쿠라는 이름은 고대 아일랜드어로 '물에 사는 개', 즉 수달을 가리켜요. 현지에서는 그 정체가 거대한 수달일 것이라고 생각해요.

다르쿠는 성격이 매우 거칠고 난폭한데, 네시(➡P162)처럼 물 위로 혹을 내밀고 헤엄치다가 보트를 습격해 인간을 잡아먹는다고 해요.

1963년, 매크로스 호수에서 목격된 정보에 따르면 몸은 검은색을 띠며 등에 2개의 혹이 있다고 해요. 일반 수달의 4~6배 이상인 거구로, 몸길이가 2m나 되는데 머리 부분만 해도 60cm 이상이라고 해요. 한편 2003년에는 킬라니국립공원의 담당자가 매크로스 호수의 어종 생태 조사 중에 수심 20m에서 커다란 그림자를 확인했다고 해요. 확실히 물고기 떼와는 다른 그림자였는데 아직까지 그 정체가 밝혀지지 않았지만 다르쿠였을 가능성이 있어요. 진상에 관해서는 조사 중이랍니다.

UMA 데이터

레어도	★★	특징	보트를 타고 있는 사람을 공격
몸길이	2m	국가·지역	아일랜드
장소	호수		
모습	몸이 검고 수달과 유사함	가설	자이언트수달

몸에서 빛을 내며 하늘을 나는 익룡형 UMA

1940년 이후 파푸아 뉴기니에서 여러 차례 목격되었어요. 이름은 현지 언어로 '하늘을 나는 악마'를 뜻해요. 머리 부분은 익룡 프테라노돈과 비슷하고, 부리는 악어, 긴 몸은 뱀과 유사한 특징을 지녔어요. 손가락은 세 개인데, 각각에 날카로운 발톱이 나 있어요. 몸길이는 1~9m나 되며, 피부는 검정이나 적갈색을 띤답니다. 밤이 되면 몸 전체, 또는 배 부분을 밝게 빛내며 날아요.

1944년에는 정글 속에서 돼지를 쫓아 비행하는 모습을 미국 병사가 목격했는데, 보통은 물고기나 조개를 먹는다고 해요. 죽은 동물의 고기를 좋아해, 장례식을 덮치거나 묘지를 파헤쳐 시체를 먹는다고 해요. 외형적 특징에서 익룡의 후손으로 추정하기도 해요.

UMA 사건 수첩

람포린쿠스라 불리는 익룡의 화석. 긴 꼬리와 어둠 속에서 빛나는 성질 등, 로펜과 공통점이 많아요.

로펜

UMA 데이터

레어도	★★★		
몸길이	1~9m	장소	하늘
모습	악어와 같은 부리, 익룡과 같은 몸		
		특징	밤이 되면 배와 몸에서 빛을 발하며 비행
		국가·지역	파푸아 뉴기니
		가설	익룡의 후손

츠치노코

옛날부터 일본에 존재하는 수수께끼의 생물······.

홋카이도와 오키나와를 제외한 일본 각지에서 목격되고 있어요. 뱀과 유사하지만, 뱀보다 몸통이 짧고 가운데 부분이 맥주병처럼 불룩해요. 머리 부위는 납작하고 눈이 커요. 크기는 30cm에서 1m 정도로 폭이 넓어요. 움직임이 빠르고 최대 5m의 점프력을 자랑한답니다. 목격자에 따르면, '쉬잇' 하고 소리를 낸다고 해요. 독을 지녔다거나 자벌레처럼 이동한다는 등, 특징에 관해 다양한 말이 전해지지만 모두 확실하지는 않아요.
이 츠치노코는 1,200년 이전에 쓰인 일본의 역사서 『고사기』와 『일본서기』에도 신으로 등장해요. 츠치노코는 미에, 나라, 교토 등에서 불린 이름이고 다른 지역에서는 '노즈치', '고하슨', '바치헤비' 등 다양한 이름으로 불렸다고 해요. 1970년대에 만화와 소설에 등장하면서 츠치노코의 이름과 존재가 널리 알려지게 되었답니다.

UMA 데이터

레어도	★★☆
몸길이	30cm~1m
장소	산, 숲
모습	뱀과 모양이 비슷하지만 몸통이 맥주병처럼 굵음
특징	'쉬잇' 소리를 냄. 점프력이 뛰어남
국가·지역	일본
가설	독사, 도마뱀

UMA 사건 수첩
츠치노코

File 1 | 현상금을 내걸 정도의 소동

최근에 츠치노코에 현상금을 내건 지역까지 있어 많은 수색대가 결성되었지만, 생포에 성공한 사람은 아직 아무도 없어요. 그리고 목격 정보가 여러 건 있었지만, 잘못 본 것도 많았답니다. 1992년, 기후 지역의 농가에서 츠치노코와 같은 생물의 사체가 발견되어 큰 소란이 일었지만, 감정 결과 싱글백 도마뱀으로 밝혀졌어요. 이 도마뱀은 호주에 서식하는데 애완동물로 일본에 수입되고 있었기 때문에 발견되었다고 해도 이상한 일은 아니었지요.

오카야마현 아카이와시의 츠치노코 수배 전단지. 현상금을 건 지역도 있음.

File 2. 츠치노코의 사체는 독사?

2007년, 야마가타현 모가미군 오쿠라촌의 목장에서 츠치노코와 아주 비슷한 뱀의 사체가 발견되었어요. 전문 기관에 의뢰해 조사했더니 사체는 호주의 독사 데스애더로 밝혀졌어요. 이로 인해 츠치노코의 정체가 뱀일 것이라는 사람이 많아졌어요. 한편 자연환경의 악화로 츠치노코가 멸종 위기에 처해 있다는 의견도 있답니다.
어쩌면 지금 산속 어딘가에서 남몰래 숨어 지내고 있을지도 몰라요.

목격담을 바탕으로 만들어진 츠치노코의 몸통 견본.

File 3. 배가 불룩한 뱀을 잘못 보았다?

츠치노코의 정체에 관한 다양한 의견 중에서 작은 동물을 삼킨 살무사란 설이 가장 유력해요. 육식성인 살무사는 몸집이 작은 포유류나 소형 파충류, 양서류 등을 잡아먹어요. 또는 새끼를 가져 배가 불룩해진 뱀일 것이란 설도 있어요. 유혈목이나 살무사 등은 임신하면 츠치노코처럼 보인다고 해요. 하지만 어떤 주장이든 살아 있는 채로 잡지 않으면 그 진실은 알 수 없겠지요.

UMA 사건 수첩

전체 길이 2,200km의 오렌지강.
이 강가 어딘가에 그루츠랑이 서식하며 다이아몬드를 지키고 있어요.

그루츠랑

마주친 사람에게 재앙을 안겨 주는 거대 뱀

그루츠랑은 남아프리카 공화국의 오렌지강 부근에 서식한다고 전해지는 큰 뱀이에요.
몸길이가 12m나 되며 눈 부위에 빛나는 보석이 박혀 있다고 해요. 코끼리의 몸에 뱀의 꼬리를 가졌다는 설도 있어요. 남아프리카 공화국의 사막 지대, 리흐터스펠트에 있다는 '바닥 없는 동굴'에 살며 많은 양의 다이아몬드를 지키고 있다고 해요.
이 그루츠랑을 만난 사람에게는 무서운 재앙이 닥친다고 전해져요. 또한, 한 탐광자가 이 동굴을 발견하고 탐험을 했는데, 도중에 박쥐의 공격을 받아 다이아몬드를 발견하지 못했다는 이야기가 전해지고 있어요.
뱀의 정령이라고도 하는 그루츠랑이 사람의 발길이 닿지 않은 동굴에 살고 있을 가능성도 배제할 수는 없어요.

UMA 데이터

레어도	★★★	특징	마주친 사람에게는 재앙이 닥침
몸길이	12m	국가·지역	남아프리카 공화국
장소	동굴	가설	이무기
모습	눈에 보석이 박혀 있는 큰 뱀의 모습		

에일리언 빅캣

순간 이동? 신비한 초능력 고양이

1950년 이후 영국에서는 대형 고양이로 보이는 생물이 계속해서 소동을 일으키고 있어요. 이 고양이처럼 생긴 생물이 '에일리언 빅캣'이에요.
에일리언이란 이름은 '다른 곳에서 왔다'라는 의미예요. 있을 수 없는 곳에 갑자기 나타났다가 사라졌다는 목격 정보를 바탕으로, 공간을 순간 이동하는 능력을 지녔다고 보여 붙여진 이름이에요. 때문에 '텔레포팅 퓨마'라고도 불러요.
몸은 표범과 퓨마 정도의 크기인데 다리가 길어요. 인간을 물어뜯거나 할퀴는 등의 공격을 해요. 1996년에는 길이 약 15cm의

1장

UMA 사건 수첩

에일리언 빅캣이 나타났을 때의 상황을 손으로 가리키며 말하는 목격자. 장소는 영국의 고원 지대.

UMA 데이터

레어도	★★★
몸길이	80cm~1m
장소	마을
모습	겉보기에 대형 고양이 같지만 다리가 김
특징	텔레포트 능력이 있음. 물어뜯거나 할큄
국가·지역	영국
가설	신종 고양이

발자국이 발견되었는데 이 발자국을 남긴 생물은 크기가 상당할 것이라고 보았어요.
목격 정보가 많지만 그중에서도 1963년, 런던 남동부에서 목격되어 경찰과 군인이 대거 출동했는데 포획하지는 못했어요. 그리고 1983년에는 이 생물로 보이는 검은 야수가 농장의 가축을 덮쳐 죽였다고 해요. 2005년에도 한 남성을 공격한 사건이 발생했어요. 지금도 어딘가에 서식하고 있을 것이라고 해요.

콩가 마토

아프리카에서 목격된 익룡형 UMA

잠비아에서 종종 목격된다고 해요. 몸길이는 1.5~2m 정도로, 모습은 고대의 익룡과 같아요. 긴 부리에는 이가 많이 나 있어요. 이런 특징으로 볼 때 조류와는 다른 생물로 추정된답니다. 체모와 깃털이 없고 박쥐와 같은 날개를 가졌어요. 하늘에서 갑자기 사람을 덮쳐 부리로 쪼거나 물어뜯는다고 해요. 이 콩가마토를 오리티우(➡P32)와 동일하게 보기도 하고, 마찬가지로 익룡의 후손일 수도 있다는 의견도 있어요.

UMA 데이터

레어도	★★★
몸길이	1.5~2m
장소	하늘
모습	이가 난 긴 부리가 있음
특징	공중에서 인간을 공격함
국가·지역	잠비아
가설	익룡의 후손

이노곤

사냥꾼들이 먹어 치운 멧돼지 괴물?

이노곤은 몸에 털이 없고, 2개의 큰 엄니를 가진 멧돼지 모습을 하고 있어요. 몸길이는 1.8m 정도예요. 1970년, 교토의 산속에서 이노곤이 나타나 사냥꾼을 덮쳤지만 오히려 이노곤이 총에 맞아 쓰러지게 되었답니다. 게다가 사냥꾼들은 그 생물을 잡아먹어 버렸어요. 훗날 사냥꾼 중 한 명이 그 생물의 두개골을 효고 대학 교수에게 보여 주었는데, 돌연변이로 보이는 흔적을 발견하고 보통 멧돼지가 아니라는 점에서 '이노곤'이라 이름 지었다고 해요.

UMA 데이터

레어도	★★★
몸길이	1.8m
장소	산
모습	털이 없고, 엄니가 매우 큼
특징	몸통 박치기 공격
국가·지역	일본
가설	멧돼지의 돌연변이

강한 악취를 풍기는 인면 박쥐!

아프리카의 세네갈과 감비아에 나타나는 미확인 생물이에요. 박쥐와 같은 몸에 인간의 얼굴을 하고 있어 '인면 박쥐'라고도 불러요. 날개를 펼치면 크기가 약 1.2m라고 해요. 3개의 갈고리발톱이 있는 발로 사냥을 해요. 일설에 따르면 기아파이로는 신비한 능력을 지니고 있어. 아무리 경비가 삼엄한 건물에도 침입할 수 있으며, 공중을 날다가 갑자기 사라진다고 해요. 몸에서는 강한 악취를 풍기는데, 이것을 맡은 사람은 숨을 쉴 수가 없게 되고 결국은 죽음에 이른다고 해요. 큰박쥐의 돌연변이라는 설도 있지만, 이해하기 힘든 목격 증언이 많아서 수수께끼에 싸인 생물이에요.

UMA 사건 수첩

목격 정보와 체형이 유사한 큰박쥐. '플라잉 폭스(Flying fox)'라고도 불리며 날개를 펼치면 거의 2m나 되지요.

기아파이로

UMA 데이터

- 레어도 ★★★
- 몸길이 1.2m
- 장소 하늘
- 모습 박쥐와 같은 몸에 인간의 얼굴을 하고 있다.
- 특징 강력한 악취를 방출
- 국가·지역 세네갈, 감비아
- 가설 큰박쥐의 돌연변이

UMA 데이터

- **레어도** ★★★
- **몸길이** 50~80cm
- **장소** 초원
- **모습** 사슴의 뿔과 비슷한 것이 나 있는 산토끼
- **특징** 인간의 소리 모방이 특기. 매우 재빠르고 가끔 난폭한 모습을 보임
- **국가·지역** 미국
- **가설** 토끼의 돌연변이

재카로프

사슴의 뿔을 가진 날렵한 토끼

재카로프는 미국의 와이오밍주에 서식하는 UMA예요. 몸 전체는 토끼지만 머리 부분에 사슴의 뿔이 나 있어요. 평소에는 무리 지어 살며 인간의 목소리를 흉내 내는 것이 특기라고 해요. 인간 가까이까지 다가오지만 잡으려고 하면 사납게 날뛰거나 재빨리 도망치기 때문에 좀처럼 붙잡을 수가 없다고 해요. 그런데 이 재카로프는 위스키를 무척 좋아해서 이를 이용해 덫을 놓으면 술에 취해 간단히 잡을 수 있다는 소문도 있어요.

2005년에는 머리에 뿔 모양의 혹이 있는 토끼의 사체가 발견되어 재카로프일지도 모른다며 화제가 되기도 했어요. 하지만 수의사가 바이러스성 질병으로 토끼의 머리 부위에 변형이 생긴 것이라고 진단을 내리면서 재카로프의 존재를 밝히는 데까지는 이르지 못했어요.

UMA 사건 수첩

목격 정보를 바탕으로 만들어진 재카로프의 박제. 토끼의 박제에 사슴의 뿔을 붙여 만들었어요.

제보당의 괴수

인간의 머리를 물어뜯는 흉악한 거대 늑대

제보당의 괴수는 18세기 당시 프랑스 제보당 지방에서 목격된 UMA예요. 모습은 늑대와 비슷하지만 몸은 소 크기 정도라고 해요. 꼬리가 길고, 입에는 큰 엄니를 드러내고 있어요. 몸 전체는 붉은 털로 덮여 있고 검은 줄무늬가 있어요. 성격이 매우 사납고 난폭하며, 특히 인간의 아이나 여성과 같이 약한 대상을 노리고 공격해요. 달려들어 날카로운 이빨로 머리를 물어 버린다고 해요. 그리고 인간을 공격할 때는 한 마리가 아닌 두 마리 이상 혹은 새끼와 함께 행동해요. 단 어떤 이유인지는 알 수 없으나 소에게는 약해서, 목장에 소가

1장

있으면 좀처럼 다가오지 않는다고 해요. 1764년에는 제보당의 괴수가 농장의 여성을 덮쳤는데 주변에 있던 수소가 쫓아 버렸다는 기록이 남아 있어요. 정체는 늑대와 개의 잡종이란 설이 있지만 자세한 것은 조사 중이랍니다.

UMA 데이터

레어도	★★★
몸길이	1.7m
장소	마을
모습	늑대와 매우 흡사하며 몸 전체에 붉은 털이 나 있음
특징	입 밖으로 비어져 나온 거대한 엄니로 인간을 공격
국가·지역	프랑스
가설	늑대와 개의 잡종

UMA 사건 수첩
제보당의 괴수

File 1. 100명 이상의 사망자가 나오다

1764~1767년에 걸쳐 프랑스의 마르제리드 산악 지대 주변에 제보당의 괴수가 나타나 많은 피해자가 발생했어요. 피해자 대부분이 혼자 있을 때 공격을 당했다고 해요. 이때 나온 사상자가 모두 88명이라고도 하고, 123명이라고도 하는 등 기록이 조금씩 달라요. 그 뒤 대규모 탐사가 이루어졌지만 정체를 밝히지는 못했어요.

증언을 바탕으로 그린 제보당의 괴수 일러스트.

1장

File 2 아직까지 정체가 밝혀지지 않은 육식 동물

정체에 관해서는 아직까지 여러 논의가 이루어지고 있는 중이에요. 우선 야생 늑대라는 설이 있지만, 가축과 인간이 함께 있었는데 인간만을 덮쳤다는 점에 의문이 남아요.

한편, 애완용으로 길렀던 개와 늑대의 잡종일 것이란 주장도 있고, 하이에나와 같이 원래 프랑스에는 없던 동물이 어떤 경로로 유입되었다는 주장도 있답니다. 확실히 어떤 종의 하이에나는 사람을 공격하기도 하므로 전혀 불가능한 이야기는 아니지요.

하이에나 설을 비롯해 다양한 주장들이 난무.

File 3 용감한 소년, 괴수를 쫓아 버리다

제보당의 괴수에 관해서는 다양한 정보가 남아 있는데, 그중에 용감한 소년의 이야기가 있어요. 1765년에 잭 포트르페라는 소년과 그 친구들이 제보당의 괴수와 맞서 싸워 쫓아 버렸다고 해요. 이 이야기는 당시 프랑스의 왕 루이 15세의 마음을 움직였고, 왕은 전문가에게 제보당의 괴수를 죽이라고 의뢰했어요. 하지만 습격은 멈추지 않았고 그 뒤에도 피해자가 계속해서 나왔다고 해요.

타구아 타구아 라군

가축을 먹어 치우는 인간의 얼굴을 한 UMA

18세기에 남미 칠레의 산티아고에서 산 채로 잡혔던 UMA예요. 몸길이는 약 18m이고 몸은 비늘로 덮였으며, 2개의 긴 꼬리와 날개가 달렸어요. 이 세상의 생물이라고는 생각할 수 없는 모습이에요. 얼굴은 마치 인간 같지만, 몸은 뱀에 가까워요. 머리에는 뿔이 있고, 옆으로 크게 찢어진 입과 긴 갈기를 가졌어요. 다리에는 날카로운 갈고리발톱이 있는데 이것을 이용해 먹잇감을 잡는다고 해요.

1784년에는 이 괴물이 농장에 나타나 가축을 모두 먹어 치운 사건이 있었어요. 때문에 100여 명의 남자들이 매복하고 있다가 마침내 괴물을 잡았답니다. 그 후 이 괴물로 보이는 생물은 두 번 다시 나타나지 않았다고 해요. 다양한 생물이 합체한 듯한 모습을 보면, 어떤 동물이 돌연변이를 일으킨 것일지도 몰라요.

UMA 데이터

- **레어도** ★★★
- **몸길이** 18m
- **장소** 마을
- **모습** 얼굴은 인간, 몸은 뱀 등 다양한 생물의 합체
- **특징** 발에 있는 날카로운 갈고리발톱으로 사냥을 함
- **국가·지역** 칠레
- **가설** 동물의 돌연변이

1장

UMA 사건 수첩

타구아 타구아 라군은 그 기묘한 모습에서 존재를 의심하게 되지요. 인간은 처음 보는 존재를 두려워해 다른 사람에게 전달할 때 과장해서 말하는 경우가 있어요. 때문에 이 생물의 기묘한 모습은 소문이 꼬리에 꼬리를 물면서 더해졌을 것으로 생각할 수 있어요.

와일드 해기스

길이가 서로 다른 다리로 산의 경사면을 빠르게 달려요!

스코틀랜드의 고지대에 있다고 전해지는 전설의 생물이에요. 온몸이 긴 털로 덮여 있고, 쥐의 얼굴과 둥근 몸을 하고 있어요. 좌우 다리의 길이가 다르지만 그 덕에 산의 경사면을 빠르게 내달릴 수 있어요. 다리에 관해서 말하자면, 왼쪽 다리가 긴 것과 오른쪽 다리가 긴 것 두 종류가 있는데 각각 다른 방향으로밖에 달리지 못한다고 해요. 스코틀랜드의 글래스고 미술관에는 사람이 만든 해기스가 전시되어 있어요.

UMA 데이터

- **레어도** ★★★
- **몸길이** 불명
- **장소** 산
- **모습** 쥐의 얼굴을 하고 온몸에 긴 털이 나 있음
- **특징** 좌우 다리의 길이가 달라 산을 한 방향으로 달림
- **국가·지역** 스코틀랜드
- **가설** 신종 생물

1장

플라잉 호스

비디오로 촬영된 하늘을 나는 말

공중을 떠다니는 플라잉 호스는 2005년에 이탈리아에서 비디오로 촬영되었어요. 말의 모습을 하고 있으며 등에는 날개가 있어요. 이것을 보고 페가수스를 떠올리는 사람도 있을 거예요.
비디오에서는 앞발을 올린 상태에서 풍선처럼 떠올라 이따금 몸의 방향을 바꾸며 하늘을 둥둥 날아다녔다고 해요. 가까운 맨션과 비교했을 때 몸길이는 약 5m로 추정된답니다.

UMA 데이터

- **레어도** ★★★
- **몸길이** 5m
- **장소** 하늘
- **모습** 말, 페가수스
- **특징** 앞발을 들고 하늘을 난다.
- **국가·지역** 이탈리아
- **가설** 불명

1장

에밀라 은투카

코끼리 정도 크기의 유니콘

에밀라 은투카는 콩고의 리쿠알라 습지에서 여러 차례 목격된 UMA예요. 코뿔소처럼 코끝에 뿔이 있는 유니콘으로, 몸 크기는 코끼리 정도였다고 해요. 몸 전체에는 털이 없고, 튼튼하고 다부진 꼬리를 가졌어요. 뿔은 코뿔소보다 길고 날카로우며, 위험을 느꼈을 때 이 뿔로 코끼리와 물소를 공격해요. 하지만 이 유니콘은 초식으로, 죽은 동물의 고기를 먹지는 않아요. 보통은 나무 열매나 식물을 먹는다고 해요.

아프리카 부족은 에밀라 은투카를 다양한 이름으로 불러요. 현지에서 '은감바 나마에(Ngamba-namae)'나 '아세카 모케(Aseka-moke)'라 불리는 것은 동일한 생물로 추정된답니다.
그 정체와 관련해서는 두 가지 설이 있어요. 하나는 공룡설로, 특히 센트로사우루스의 후손이라는 주장이에요. 또 하나는 멸종된 고대 코뿔소의 후손이라는 설이에요.

UMA 사건 수첩

목격담에 따르면, 에밀라 은투카의 특징은 사진의 케라톱스과 공룡과 비슷하다는 것을 알 수 있어요. 그 정체에 관해서는 현재도 조사 중이랍니다.

칠레의 익룡형 UMA

거리 한복판을 날아다니는 익룡형 UMA

칠레의 익룡형 UMA는 2013년, 칠레의 수도 산티아고 상공에서 목격된 미확인 생물이에요.
증언에 따르면 이 UMA는 공원의 나무에서 갑자기 나타나 마을 쪽으로 날아갔다고 해요. 그러고는 교회의 탑에 내려앉아 동물의 고기를 먹는 모습이 사람들에게 목격되었어요.
몸길이는 날개를 펼치면 약 2m 정도라고 해요. 날개는 박쥐와 같은 형태를 하고 있어요. 엉덩이엔 긴 꼬리가 있고 몸은 박쥐보다 오히려 익룡에 가깝다고 해요. 일설에 따르면 물어뜯거나 발톱으로 할퀴는 등의 공격을 한다고 해요. 고기를 먹는 점에서 큰박쥐와는 다른 종으로 보이지만 자세한 것은 아직 알려지지 않고 있어요.
이 목격담 뒤에도 여러 차례 보았다는 정보가 뒤따라, 신문에도 보도되었어요. 때문에 현지 주민들 사이에서는 불안이 퍼지고 있답니다.

UMA 데이터

- **레어도** ★★
- **몸길이** 2m **장소** 하늘
- **모습** 박쥐의 날개에 익룡의 몸
- **특징** 물어뜯기, 발톱으로 할퀴기 등의 공격
- **국가·지역** 칠레
- **가설** 익룡의 후손

UMA 사건 수첩

칠레의 익룡형 UMA가 나타난 샌프란시스코 교회. 이 교회의 탑 위에서 동물의 고기를 먹는 모습이 목격되었어요.

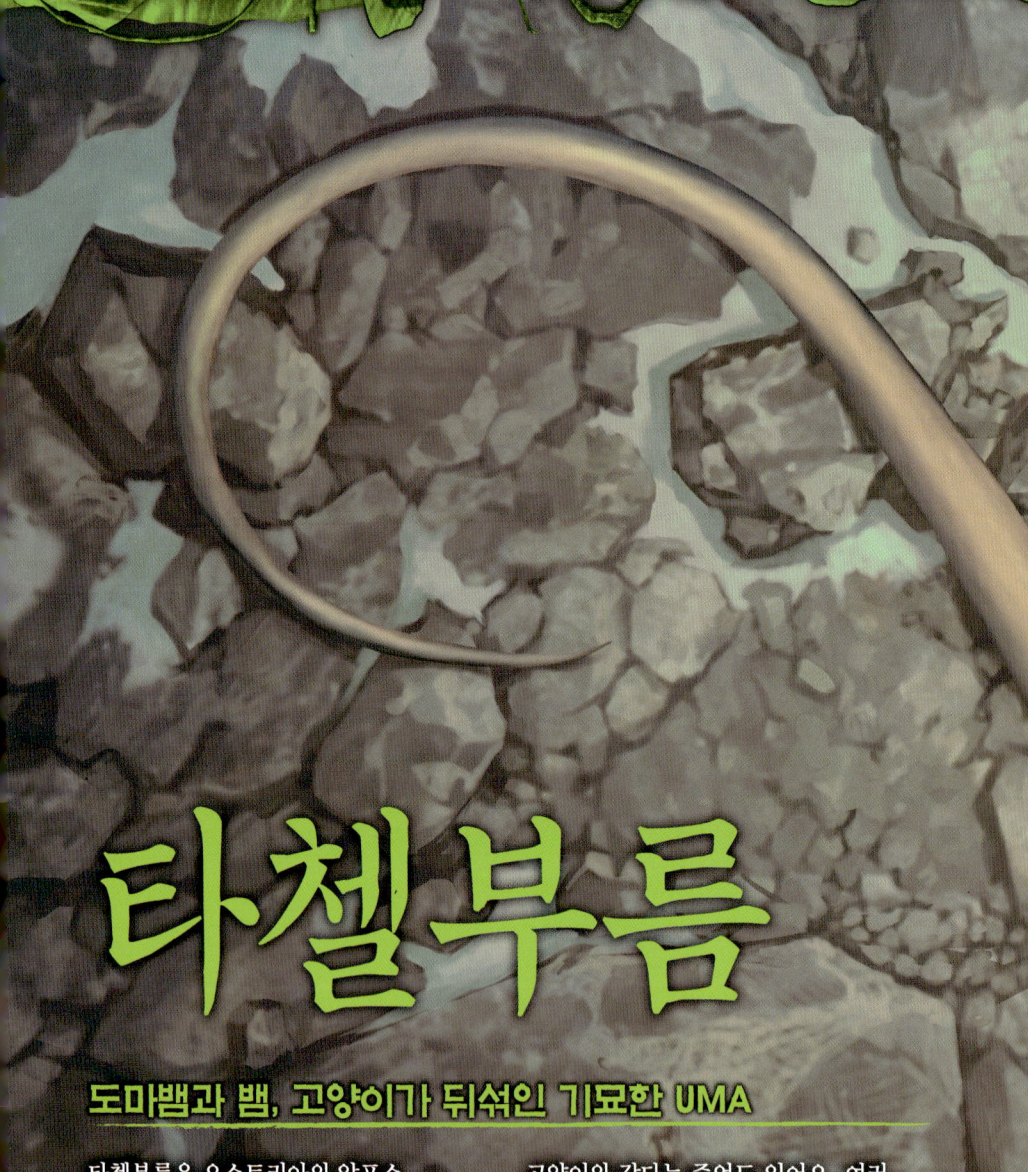

타첼부름

도마뱀과 뱀, 고양이가 뒤섞인 기묘한 UMA

타첼부름은 오스트리아의 알프스 산맥에서 목격되는 무서운 생물이에요. 이 타첼부름이란 이름은 독일어로 '앞발을 가진 애벌레'를 뜻해요.

그런데 목격 정보에 따르면 도마뱀 형태의 상반신에 뱀의 꼬리가 붙어 있는 모습이라고 해요. 또한 머리는 털이 없는 고양이와 같다는 증언도 있어요. 여러 생물이 합체한 듯한 생물로 보여요. 크기는 1m 정도인데 하반신을 뱀처럼 움직여 이동해요. 발이 2개 혹은 4개라는 정보가 있지만 애초에 다리가 있는지의 여부도 확실하지 않아요. 또한 이 생물이 파충류인지, 양서류인지조차 알 수가

없어요.
단 한 가지 확실한 것은 만난 사람을 죽음으로 몰아넣는 UMA라는 사실이에요. 1779년에 오스트리아 잘츠부르크에서 이 생물을 만난 사람이 너무나 큰 공포로 심장 발작을 일으켜 사망했다는 이야기가 전해진답니다.

UMA 데이터

- **레어도** ★★★
- **몸길이** 1m
- **장소** 산
- **모습** 머리는 고양이, 상반신은 도마뱀, 하반신은 뱀
- **특징** 마주치기만 했을 뿐인데 사람을 죽음으로 몰아넣음
- **국가·지역** 오스트리아
- **가설** 신종 파충류, 양서류

UMA 사건 수첩

타첼부름

File 1 다양한 자료가 남아 있는 UMA

타첼부름은 박물학 분야에서 중세 이후 연구가 활발하게 진행되고 있어요. 이 생물을 본 사람은 반드시 죽는다는 이유 때문인지 사진은 남아 있지 않아요. 하지만 스케치 등의 다양한 자료가 남아 있어요. 예컨대 1717년에 타첼부름과 만난 탐험가가 동판화에 그 모습을 남겼어요. 그것을 보면 여러 개의 작은 다리가 있어요.

또한, 2001년에는 일본의 한 박물관에서 '쥐라기의 타첼부름'이란 이름의 화석이 전시되기도 했어요.

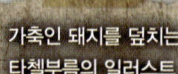
가축인 돼지를 덮치는 타첼부름의 일러스트.

File 2 영원류나 도마뱀이 거대해졌을 가능성도

타첼부름의 정체가 이 생물이 비가 온 뒤 자주 목격된다는 점에서, 북미에 있는 거대 영원 그레이터 망상(greater siren)과 동종일 것이란 설이 있어요. 또는 유럽에 있는 무족도마뱀이란 설도 있답니다. 이 도마뱀은 다리가 매우 작고 짧아 몸통으로 이동하는 것처럼 보여요. 타첼부름은 어떤 원인으로 인해 이 도마뱀이 거대해진 것일 수도 있어요.

무족도마뱀의 일종. 몸통에 비해 다리가 작아요.

File 3 일생을 동굴에서 보내기도 한다

타첼부름에 관해서는 아직 알려진 사실이 많지 않아요. 일설에 따르면 표고 500~2,000m의 산악 지대에 살고 있다고 해요. 목격 증언이 봄, 여름에 집중되어 있으므로 동면하는 생물일 것으로 추정된답니다. 또한, 동굴 속에서 생활하기도 하는데, 그런 경우 일생을 그 속에서 보낸다고 해요. 이렇게 깊은 산속에 살기 때문에 발견하는 것 자체가 매우 어려운 UMA지요.

미지의 땅

인간이 아직 가 보지 못한 장소와 그곳에 살고 있는 생물들

과학과 기술이 발전한 현대에도 지구상에는 지금까지 인간이 발을 내디딘 적 없는 장소가 존재하고 있어요. 그러한 장소를 '미지의 땅'이라 불러요.

예컨대 남미 아마존강 유역의 광대한 열대 우림은 한반도의 60배나 되는 크기로, 구석구석까지 조사하기가 쉽지 않아요. 그래도 조금씩 진행되는 탐색에 발맞추어 매년 신종 생물이 발견되고 있어요.

한편 표고 6,000m를 넘는 산은 인간이 목숨을 걸고 올라야만 하는 곳으로, 그중에는 아직 아무도 정상에 오른 적이 없는 장소도 있어요. 부탄의 강카르푼섬산은 현지인들로부터 신성한 땅으로 숭배받고 있어요. 때문에 산에 들어가는 것 자체가 금지되어 있답니다. 이들 산악 지대에서는 최근에도 쥐나 원숭이 등의 신종 포유류와 조류의 발견이 보고되고 있어요.

이러한 산과 삼림에는 용암과 지하수로 깎여 나가 생긴 천연 동굴도 곳곳에 존재하고 있어요. 자연의 작용으로 생긴 동굴은 깊고 복잡하게 얽혀 있는 데다 햇빛이 닿지 않아, 이 역시 모든 것을 밝혀내기가 어려워요.

이 같은 '미지의 땅'에는 지금까지도 많은 UMA가 살고 있지 않을까요? 실제로 이 책에서 소개하는 UMA도 삼림과 깊은 산속 그리고 동굴에 살고 있을 것으로 추정되는 경우가 많아요. 언젠가는 지구상에 '미지의 땅'이라 불리는 장소가 없어질 거예요. 그리고 미지의 땅이 없어지면 수수께끼투성이인 UMA의 정체를 밝힐 수 있을 거예요.

광대한 면적을 자랑하는 아마존의 정글. 삼림의 벌목으로 인해 해마다 줄어들고 있어요.

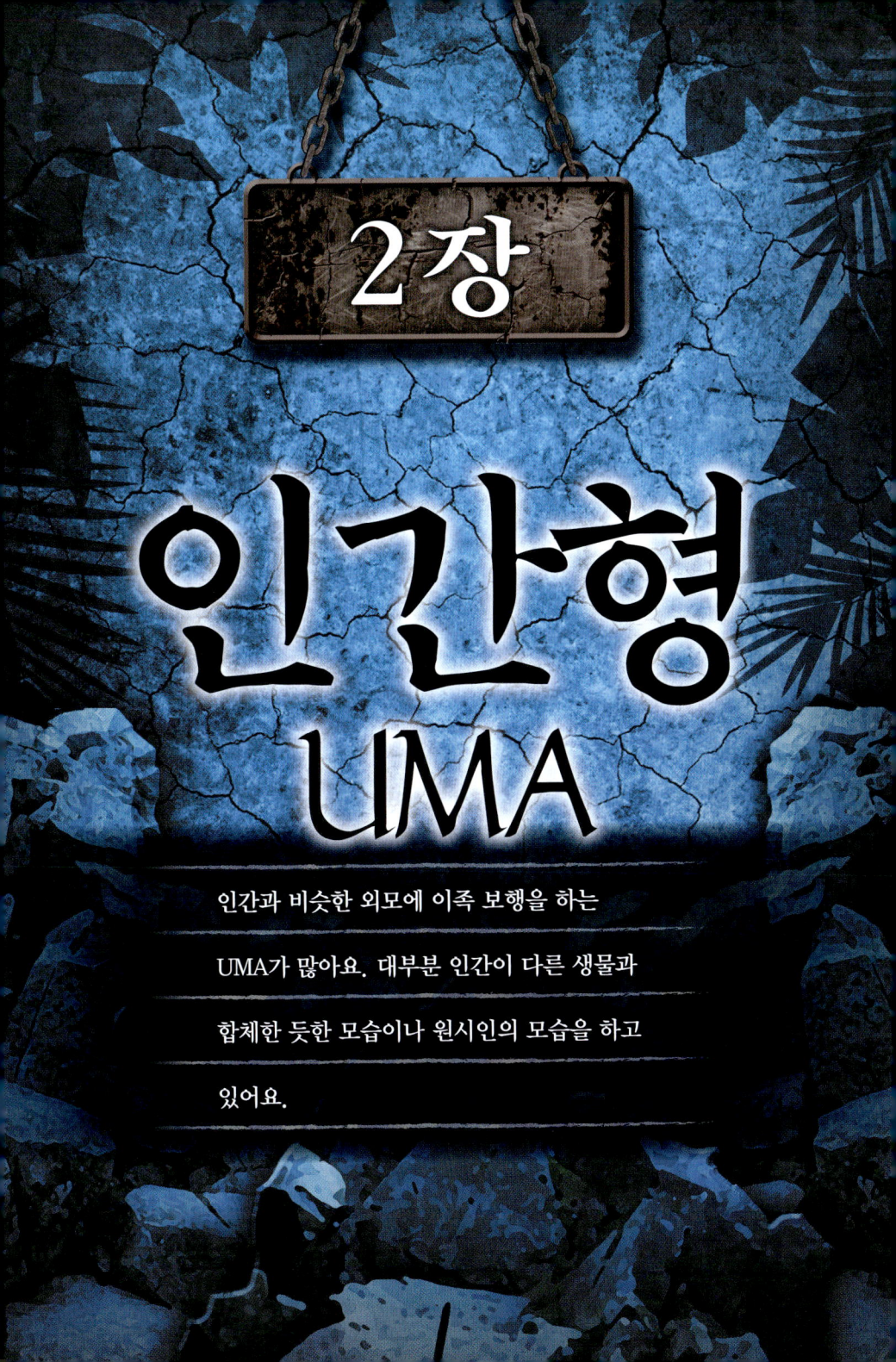

UMA 사건 수첩

아울맨은 올빼미 중에서도 수리부엉이와 특징이 매우 비슷해요. '아울맨'은 날개를 펼치면 크기가 180cm나 된답니다. 이렇게 큰 올빼미에게 습격을 받으면 아마 꼼짝도 못하겠지요.

아울맨

2장

눈을 붉게 빛내는 섬뜩한 거대 올빼미!

1976년 영국의 콘월주 마우넌 마을에서 교회의 상공을 날고 있는 거대한 생물이 목격되었어요. 그 뒤 근처 숲에서 두 자매 역시 나뭇가지에 앉은 이상한 생물을 보았어요. 성인 남성 정도의 거대한 올빼미로, 눈이 붉게 빛났다고 해요. 이 UMA는 모습이 올빼미와 닮아서 아울맨이라 불리게 되었어요. '아울(Owl)'은 영어로 올빼미란 뜻이에요. 1976~1978년 사이에는 은빛 몸과 날개, 날카로운 발톱을 지닌 생물을 보았다는 목격 정보가 이어졌어요. 그런데 이상하게도 목격자 대부분이 10대 소녀들이었어요. 상반신이 올빼미에, 크기가 성인 남성 정도라는 공통점도 있었지요. 때문에 인간과 올빼미의 교잡설이 떠돌았지만 진상은 밝혀지지 않았어요.

UMA 데이터

레어도	★★★
몸길이	약 2m
장소	하늘
모습	성인 남성 정도의 크기, 붉게 빛나는 눈
특징	큰 날개로 하늘을 날며 발톱으로 적을 할큄
국가·지역	영국
가설	대형 맹금류

강한 악취를 풍기는 습지의 유인원

1942년 즈음부터 미국의 플로리다주에서 이따금 목격되고 있어요. 모습은 오랑우탄과 비슷하고 성격이 사납고 난폭해요. 몸무게가 150kg 이상에 몸은 갈색의 털로 덮여 있어요. 스컹크란 이름대로 적을 만나면 엄청난 악취를 풍겨요. 그 냄새가 마치 썩은 치즈와 담배를 섞은 것과 같아서 눈도 뜨지 못할 정도라고 해요.
2000년에는 플로리다의 먀카 공원 부근의 민가에 갑자기 나타났다가 카메라에 찍혔는데 사진에 모습이 또렷이 잡혀 현지에 충격을 주었어요. 2002년에는 테네시주에 나타나 주민의 애완동물들을 연이어 죽였답니다.
이 밖에도 밭일을 하던 사람이 이 생물에게 습격을 받아 목숨을 잃거나 야생 동물이 공격을 받은 것으로 보아, 매우 사납고 난폭한 생물이라 추정할 수 있어요.

UMA 사건 수첩

2000년 가을에 플로리다주 먀카 공원에 나타난 '스컹크 유인원'.
이때 아주 가까운 거리에서 카메라로 찍는 데 성공했어요.

스컹크 유인원

UMA 데이터

- **레어도** ★★☆
- **몸길이** 2m
- **장소** 숲
- **모습** 온몸에 갈색 털이 나 있고 오랑우탄과 유사함
- **특징** 적을 만나면 심한 악취를 풍김
- **국가·지역** 미국
- **가설** 고대 영장류의 후손

예티

많은 탐험가가 찾고 있는 히말라야의 설인

히말라야 산맥에 서식하는 설인으로, 네시(➡P162)와 빅풋(➡P98)과 함께 세계적으로 유명한 UMA예요. 온몸이 털투성이여서 언뜻 고릴라와 비슷하지만 체형은 인간에 가까워요. 직립 보행을 하며, 키가 커서 3m나 된다고 해요. 정수리 부분이 뾰족한데 실제로 히말라야의 사원에서 그 예티의 두피를 보관하고 있어요.
원래 예티가 세상에 알려진 것은 1887년으로, 영국의 군인 워델 대령이 맨 처음으로 발자국을 발견했다고 해요. 그 뒤 여러 등산가가 실물을 목격했어요. 1954년에는 한 등산가가 길이 45cm의 발자국을 촬영하는 데 성공했고 1986년에는 실제로 걷는 모습이 사진에 담겼답니다. 이를 보고 각국에서 여러 차례 현지로 탐험가를 파견했지만 정체를 밝히지는 못했어요.

UMA 데이터

레어도	★★
몸길이	1.8~3m
장소	산
모습	인간에 가까운 체형, 온몸이 털투성이
특징	직립 보행을 함
국가·지역	네팔, 티베트
가설	멸종한 원인(猿人)의 후손

UMA 사건 수첩

예티

File 1 — 다섯 마리의 예티를 발견한 일본인

필리핀의 루방섬에 남겨진 옛 일본 병사를 발견해 유명해진 모험가 스즈키 노리오가 1975년에 히말라야의 표고 3,500m 지점에서 예티를 다섯이나 목격했다고 해요. 그는 1987년에 눈사태로 조난을 당해 목숨을 잃었지만 그의 유지를 이어받은 다카하시 요시테루가 현지 조사를 계속하며 4,750m 지점까지 등반, 그곳에서 예티의 발자국으로 보이는 18cm의 흔적을 발견했어요.

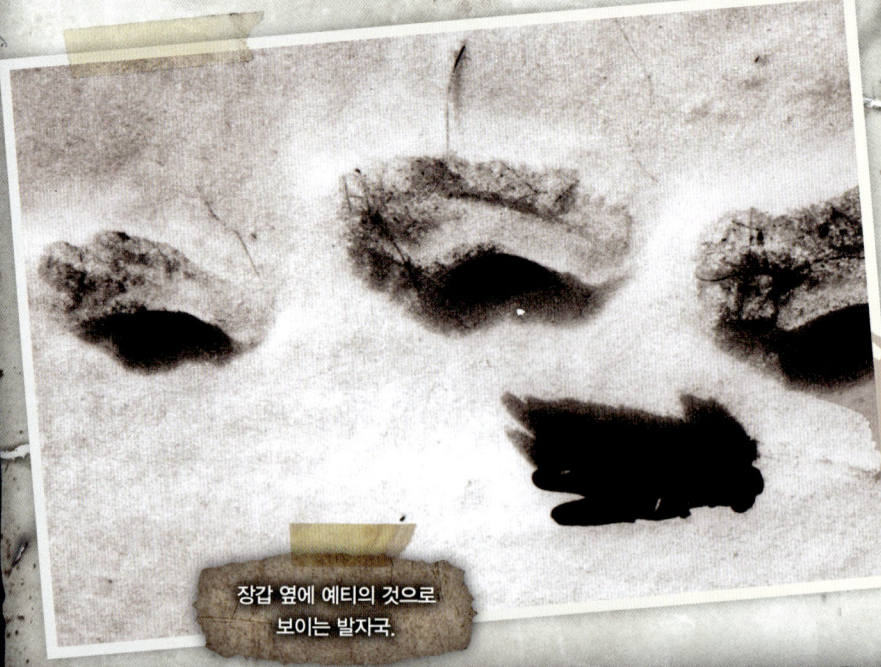

장갑 옆에 예티의 것으로 보이는 발자국.

2장

File 2 예티의 정체는 멸종된 원인(猿人)?

예티의 정체에 대해서는 다양한 설이 존재하는데 그중에서도 멸종된 원인(猿人)인 기간토피테쿠스의 후손이란 설이 가장 유력해요. 이 원인의 화석을 조사한 결과, 몸길이가 대략 3m로, 모습도 예티와 매우 비슷하다는 것을 알 수 있었어요. 게다가 바로 서서 이족 보행을 했음이 밝혀졌어요.
단, 기간토피테쿠스의 화석은 아직 3개밖에 발견되지 않아 예티와 비교하기에는 자료가 부족해요. 따라서 앞으로의 조사가 기대된답니다.

> 서식지인 히말라야 산맥. 인간이 오르지 못하는 곳이 많아요.

File 3 예티의 털을 DNA 감정

곰을 예티로 착각한 것이라고 주장하는 사람이 많아요. 그도 그럴 것이 목격된 마을에서 예티의 털로 추정해 DNA를 감정하면, 대부분 곰이나 산미치광이의 것으로 결과가 나온다고 해요.
다만, 곰과 예티의 발자국은 형태나 크기가 다르기 때문에 이 설을 의심하는 사람도 있어요.
예티는 지금까지 많은 목격담이 보고되었기 때문에 앞으로의 연구가 더욱 기대된답니다.

비늘로 덮인 인도네시아의 반어인

오랑 이칸은 인도네시아의 카이제도에서 목격된 반어인(半魚人)이에요. 오랑(Orang)은 말레이어로 인간, 이칸(Ikan)은 물고기란 뜻이에요. 목격담에 따르면 특징이 매우 다양한데, 아가미가 있고 손발에 물갈퀴가 있다는 공통점이 있어요. 온몸이 비늘로 덮여 있어 마치 물고기 같으면서도, 인간처럼 손발이 있고 똑바로 서서 걸어 다닐 수도 있어요. 그리고 머리에 머리카락도 있다고 해요.

1943년에 한 일본 군인이 오랑 이칸이 살아 움직이는 모습과 사체 모두를 목격했어요. 또 인도네시아에서는 이 생물과 꼭 닮은 물체가 여러 차례 해변으로 떠밀려 왔다고 해요. 1954년에는 사체가 영국의 캔베이섬에서도 발견되었어요. 그 정체와 관련해서는 듀공이나 매너티 등의 실존 생물이라는 주장도 있지만 인간의 선조가 수중에서 생활하다 진화한 것이란 설도 있어요.

UMA 사건 수첩

1943년 3월, 인도네시아의 카이제도에서 일하던 일본인이 해안에서 즐겁게 놀고 있는 한 쌍의 오랑 이칸을 발견했어요. 또한, 해안으로 떠밀려 온 사체도 보았다고 해요. 이렇게 여러 차례에 걸쳐 발견된 오랑 이칸이 실제로 존재할 가능성은 매우 높아요. 하지만 아직까지 진상은 밝혀지지 않았어요.

오랑 이칸

UMA 데이터

- 레어도 ★★★
- 몸길이 120~150cm
- 장소 바다
- 모습 인간을 꼭 닮은 손과 발, 온몸에 비늘
- 특징 물속과 육지 모두에서 생활할 수 있음
- 국가·지역 인도네시아
- 가설 듀공과 매너티, 인간의 선조가 이루어 낸 별도의 진화

2장

고트맨

군의 비밀 공장에서 태어난 야수?

1964년, 미국의 캘리포니아주 산타 폴라에서 목격되었어요.
머리는 염소, 몸은 털로 뒤덮인 유인원의 모습을 하고 있어요. 키는 약 2m이고, 근육질의 다부진 몸을 하고 있으며 이족 보행을 해요. 양 뿔이 나 있었다는 정보에 따라 일본에서는 '양 인간'이라 부르지만, 현지에서는 고트맨으로 불리고 있어요. 그중에는 몸이 흰털로 덮여 있고 얼굴이 인간이란 목격담도 전해져요. 공격적이지 않지만 위험을 느끼면 몸통 박치기를 하거나 폭력적이 되기도 해요.
일설에는 산타 폴라에 있는 '군 비밀 공장'에서 유전자 실험을 하여 태어났을 거란 이야기도 있어요. 공장 이름을 따서 '빌리웍 몬스터(Billiwack monster)'라 부르기도 해요.
이 밖에 일종의 종교 의식 과정에서 인간이 양 가면을 쓴 것이 아닐까 하는 '가장(假裝)'설도 있지만 진실은 아직까지 밝혀지지 않았어요.

UMA 사건 수첩

고트맨의 목격 정보는 캘리포니아주에 있는 산타 폴라에 집중되어 있어요. 여기에는 '빌리웍 데어리(Billiwack Dairy)'라는 낙농 공장이 있었어요. 이 공장이 도산하고 나서 목격이 이어졌기 때문에, 폐허가 된 공장에서 비밀 실험이 이루어졌고 그곳에서 이 생물이 태어났다는 설이 있어요.

무기를 이용해 인간을 공격! 지능이 높은 야수

베네수엘라의 계곡에 산다고 알려진 UMA예요. 검은 털이 온몸을 덮고 있으며 이상할 정도로 털이 길어요.
몸길이 1.5m에 성격은 흉폭하고, 나무 막대 등의 무기를 이용해 인간을 공격한다고 해요. 분명 지능이 높은 생물로, 공격할 때는 매우 귀에 익은 소리를 낸다고 해요.
모노스는 1920년에 최초로 목격되었어요. 스위스의 지리학자 로이스가 엘 모노 그란데 계곡에서 캠프를 했을 때 갑자기 원숭이를 닮은 한 쌍의 생물에게 습격을 당했어요.
로이스가 그중 한 마리를 사살했고 다른 한 마리는 숲으로 도망쳐 버렸어요.
로이스는 그 사체의 사진을 찍고 증거로 두개골을 가져오려 했지만, 탐험 중에 원주민에게 습격을 받아 부서지고 말았어요. 로이스는 낙담을 한 나머지 뼈를 그 자리에 버렸다고 해요. 하지만 9년 뒤에 이때 찍은 사진이 공개되면서 큰 화제가 되었답니다.

모노스

2장

UMA 데이터

- **레어도** ★★
- **몸길이** 1.5m
- **장소** 산
- **모습** 검은 털이 온몸을 뒤덮고 있으며 기이할 정도로 털이 김
- **특징** 흉폭하며, 나무 막대 등으로 인간을 공격함
- **국가·지역** 베네수엘라
- **가설** 거미원숭이의 변종

UMA 사건 수첩

모노스

File 1 수컷을 보호하려다 죽은 암컷 모노스

로이스가 두 마리의 모노스를 만났을 때 그들은 똥을 내던졌는데 이 행동이 고릴라와 비슷하다고 해요. 한편 로이스가 수컷으로 보이는 쪽에 총을 쏘았는데 암컷이 수컷을 감싸려다 대신 총알을 맞아 죽었다고 해요.

1954년에는 로이스가 모노스를 만났던 동일한 계곡에서, 영국인 사냥꾼이 두 마리의 모노스에게 습격을 받아 붙잡혔다가 간신히 도망쳐 목숨을 구했다고 해요.

사살된 암컷은 로이스가 사진에 담았어요.

File 2 모노스는 거미원숭이의 돌연변이?

모노스의 정체는 거미원숭이의 변종일 거란 의견이 있어요. '모노스(monos)'는 원래 스페인어로, 원숭이를 의미하는 단어예요. 원숭이 중에서도 특히 거미원숭이와 특징이 비슷하다는 점에서 이 설이 힘을 얻게 되었어요. 거미원숭이는 직립 보행, 네 손가락, 긴 꼬리 등의 특징이 있어요. 실제로 거미원숭이를 보면 모노스와 매우 흡사하다는 것을 알 수 있어요.

모노스와 특징이 비슷한 거미원숭이. 주로 남미에 서식해요.

File 3 미지의 유인원일 가능성도

쇼킹한 사진과 목격 정보가 공개된 뒤, 세간에는 그 정체가 무엇인지 다양한 논의가 일었어요. 일본의 TV에서도 모노스로 보이는 영상이 방송되면서 화제가 되었어요.
이 밖에도 정체에 관해서는 미지의 유인원설과 거미원숭이 이외의 동물이 거대해진 돌연변이설이 있어요.
어쨌든 모노스는 존재할 가능성이 꽤 높기 때문에 앞으로 본격적인 조사가 기대되는 UMA랍니다.

UMA 데이터

레어도	★★★	**특징**	먹잇감을 발톱으로 할큄
몸길이	2m	**국가·지역**	미국
장소	마을		
모습	머리는 도마뱀, 몸은 인간	**가설**	공룡의 진화, 인간형 파충류

리자드맨

2장

예리한 발톱으로 인간을 할퀴는 위험 생물

리자드맨은 미국의 사우스캐롤라이나주 비숍빌 습지대에 출몰한다고 알려진 생물이에요.

두 발로 서서 걷지만 얼굴은 도마뱀이에요. 몸 전체가 녹색 비늘로 덮여 있어요. 고기와 식물을 먹으며 인간을 습격하기도 해요. 단 한 번의 공격으로 먹잇감에게 치명상을 입힐 만큼 발톱이 날카로워요. 1988년 이후 수십 년에 걸쳐 계속해서 주민과 군인을 덮치고 있어요. 목격 증언에 따라서는 꼬리가 있는 경우와 없는 경우가 있어요. 어떤 경우든 인간처럼 서거나 달리기 때문에 공룡이 진화한 인간형 도마뱀이란 의견이 많아요. 또한 미군의 실험이 낳은 합성 생물이란 주장도 있지요. 다수의 목격 정보 외에도 발톱 자국과 이빨 형태, 발자국 등이 남아 있지만 산 채로 포획하는 데는 아직 성공한 적이 없어 정체와 관련된 내용은 알려지지 않은 상태예요.

UMA 사건 수첩

렙틸리언(인간형 파충류)을 그린 그림. 특징이 비슷한 것으로 보아 리자드맨도 렙틸리언의 일종일 가능성이 높아요.

요위

불 사용법을 알고 있는 오스트레일리아의 거대 야수

오스트레일리아 대륙에 서식한다고 알려진 생물로, 원주민인 애버리진이 요위라고 불렀던 전설의 괴물이에요. 몸길이는 약 1.5~3m이며 이족 보행을 해요. 몸 전체에 갈색 털이 나 있고, 입에는 긴 엄니가 있어요. 손이 길고 다리가 기형적으로 길어요.
불을 사용할 줄 알 정도로 높은 지능을 지닌 생물이에요.
요위를 목격했다는 가장 오래된 목격 증언은 1795년으로, 유럽에서 온 이주민이 보았다고 기록되어 있어요. 발자국을 보았다는 목격담이 많은데 그중에는 너비 35cm, 길이 45cm의 거대한 것도 있어요. 또한 1970년에는 새된 소리를 내며 숲으로 들어가는 요위의 모습이 목격되었어요.
한 UMA 헌터가 제기한 빙하기에 대륙으로 건너온 메간트로푸스의 자손일 거란 설도 있지만 정체는 수수께끼투성이랍니다.

UMA 데이터

- **레어도**: ★★★
- **몸길이**: 1.5~3m
- **장소**: 숲
- **모습**: 몸 전체가 갈색 털로 덮여 있고 긴 엄니가 있음
- **특징**: 불 사용법을 알고 있음
- **국가·지역**: 오스트레일리아
- **가설**: 메간트로푸스의 자손

2장

UMA 사건 수첩

요위가 서식하고 있는 오스트레일리아의 숲. 요위는 오스트레일리아의 빅풋(➡P98)이라고도 해요.

거대 UMA 랭킹

UMA는 대부분 인간보다 거대한 모습을 하고 있어요. 크기는 목격자의 증언을 바탕으로 하고 있기 때문에 실제로는 그보다 몸이 더 클 수 있답니다. 이 책에 실린 UMA를 크기 순서대로 소개할게요.

1위 크라켄

다른 UMA와는 차원이 다른 수준으로, 몸길이가 2,500m나 된답니다. 배를 통째로 바닷속으로 끌고 들어가요. 인간이 섬으로 착각해 상륙하는 것도 이상할 것이 없지요.

➡ P176

2위 나가

나가는 인도의 UMA랍니다. 최대 70m나 되는 몸길이는 서식지인 드넓은 메콩강 일대에 어울리는 크기지요.

➡P134

➡P144

3위 시 서펜트

몸길이가 20~60m예요. 중세 시대부터 여러 척의 배를 습격했다는 이야기가 전해지고 있어요.

4위 루스카

루스카로 추정되는, 플로리다에서 발견된 약 30m의 사체도 전체 길이의 절반 정도라고 해요.

➡P208

5위 미노카오

현재 지구상에서 가장 큰 생물인 대왕고래보다 크며, 몸길이가 약 45m라고 해요.

➡P152

세계에서 가장 유명한 털북숭이 UMA

빅풋

빅풋이 전 세계에서 가장 유명한 UMA일 거예요. 로키산맥이 있는 캐나다와 미국의 산악 지대에서 목격되는데 몸길이가 2m 이상이에요. '빅풋(큰 발)'이란 이름처럼, 발견된 가장 큰 발자국은 45cm나 된답니다. 이것으로 추정한 몸무게는 200~350kg이에요. 온몸이 털로 덮인 털북숭이로, 눈이 움푹 들어가고 이마가 앞으로 튀어나와 있어요. 이족 보행을 하며 보통은 혼자서 행동하지만 이따금 어미와 새끼, 수컷과 암컷 등 짝을 지어 이동하는 모습이 목격되었어요.

인간을 향해 바위를 던지거나 폭력을 휘두르는 등의 공격을 하는 사나운 UMA예요. 이 거대한 몸이 덮치면 인간은 꼼짝도 못하고 당할 수밖에 없을 거예요. 1970년대에 숲속에서 나뭇가지를 나르는 모습이 목격된 것을 보면, 도구를 사용하는 등 높은 지능을 지녔을 수도 있어요.

UMA 데이터

레어도	★★★
몸길이	2~3m
모습	몸 전체가 털북숭이, 발이 매우 큼
특징	바위를 던지거나 폭력을 휘두르는 등의 공격을 함
장소	산
국가·지역	캐나다, 미국
가설	원인(原人)의 후손

UMA 사건 수첩

빅풋

File 1 걷는 모습이 찍힌 충격적인 필름

빅풋의 목격 정보는 2,400건 이상이나 되는데 그중에서도 1967년에 로저 패터슨과 밥 김린이 카메라로 찍은, 걷고 있는 빅풋 사진이 유명해요. '패터슨 필름'이라 부르는 16mm 필름으로, 암컷으로 보이는 빅풋이 걸어가면서 뒤돌아보는 장면이 담겼어요. 이 영상은 세상에 충격을 안겨 주었고 빅풋은 UMA의 대표적인 존재가 되었어요.

 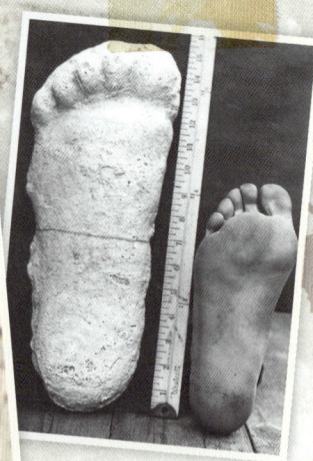

왼쪽 : '패터슨 필름'에 찍힌 빅풋.
오른쪽 : 발견된 발자국 모습.
인간의 것보다 2배 정도 커요.

File 2 사실 빅풋은 성격이 온순?

목격자 증언에 따르면 빅풋은 바위를 던진다거나 주먹을 휘두르는 등 난폭해 보여요. 하지만 반대로 성격이 온순하고 해를 끼치지 않는다는 목격담도 있어요. 빅풋은 인간이 아무 짓도 하지 않으면 가만히 그 자리를 떠난다고 해요. 이것이 사실이라면 의외로 안전할 수 있지만, 아직 알려지지 않은 부분이 많으므로, 만일 만난다 해도 가까이 다가가지 않는 편이 좋아요.

빅풋을 새스콰치라고도 부르며, 로키산맥 부근에는 표지판도 있어요.

File 3 네안데르탈인의 후손?

빅풋의 정체와 관련한 주장 중에는 네안데르탈인의 후손설, 베이징원인이나 자바원인의 후손설 등이 유력해요. 특히 네안데르탈인과는 털이 붉다는 공통점이 있어요. 하지만 원인(原人)과 네안데르탈인의 화석이 중국과 유럽에서는 발견됐지만, 미국과 캐나다에서는 발견되지 않았어요. 빅풋의 정체에 관해 앞으로 정확한 조사가 이루어지길 기대해요.

신출귀몰! 일본의 시골에서 소동을 일으켰던 원인(猿人)

히바곤은 히로시마현 히바군 사이조쵸(西城町)에서 목격된 미확인 생물로, 지역의 명칭에서 따온 이름이에요.
1970년에 처음 나타났어요. 한 농부가 인간의 얼굴을 하고 자신을 매섭게 쏘아보는 원인(猿人)을 보았어요. 머리는 매우 크고 머리털이 거꾸로 선 것처럼 역삼각형 모양이었다고 해요. 키는 약 1.5m이고 온몸이 검은 털로 덮여 있었어요. 그 뒤 히바군의 댐 주변에서 동일한 원인을 목격했다는 증언이 이어졌어요. 그중에는 몸통 둘레가 인간의 두 배 정도인 경우도 있었는데, 모두 다리를 끌며 걷고 있었다는 말에 따르면 동일한 원인으로 추정되고 있어요. 마을에서는 아이들이 집단으로 학교를 오갈 만큼 큰 소동이 벌어졌어요. 이 히바곤 소동은 수년간 이어졌지만 1974년을 마지막으로 완전히 모습을 감추었어요. 대신 1980년 이후 동일한 생물이 야마노쵸(山野町)와 쿠이쵸(久井町)에 나타났다는 목격 정보에 따라 마을의 이름을 붙여 '야마곤', '쿠이곤'이라고 불렀어요. 이들이 히바곤과 동일한 생물인지는 아직까지 알려지지 않고 있어요.

UMA 사건 수첩

히로시마현 쇼바라시에 있는 히바곤의 동상. 히바곤의 달걀이라는 과자가 지역 특산물로 팔리고 있어요. 큰 소동이 일었던 UMA지만 현재는 마을의 유명 인사가 되었답니다.

미시건 도그맨

맹렬한 스피드로 먹잇감을 덮치는 견종 인간

미국의 미시간주에서는 이따금 견종 인간에 관한 목격 정보가 보고되고 있어요. 바로 미시건 도그맨이라 불리는 UMA지요.

얼굴은 개를 꼭 닮았고 이족 보행을 하며, 자동차와 거의 같은 속도로 달린다고 해요. 온몸이 털로 덮여 있으며 날카로운 엄니와 앞발로 인간과 동물을 덮쳐 잡아먹어요.

미시간주에서는 1967년에 보트에서 낚시를 즐기던 사람이 개와 인간을 합성해 놓은 듯한 생물에게 공격을 당했다고 해요. 그리고 1970년대에는 두 다리로 걷는 거대한 괴물의 모습이 비디오에 찍히기도 했어요. 영상 속에는 빠른 속도로 이동해 인간을 덮치는 모습이 확실히 찍혀 있었어요. 2008년에는 깊은 밤, 베이비시터 두 명이 동물의 울음소리를 듣고 창문을 열었는데, 밖에 개와 비슷한 모습의 괴물이 서 있었다고 해요.

도그맨의 정체는 거대해진 개나 늑대라는 설이 유력해요.

UMA 사건 수첩

1991년 10월 31일 밤, 도로를 달리던 18세 소년이 작은 동물을 치었어요. 놀라서 차에서 내린 소년은 무서운 장면을 목격했어요. 2m가 넘는 귀가 뾰족한 털북숭이 생물이 소년이 차로 친 것으로 보이는 작은 동물의 사체를 움켜쥐고 있는 게 아니겠어요? 이 생물이 미시건 도그맨이었다고 하는데, 그 진위 여부는 확실하지 않아요.

바워코지

여러 동물로 변신하는 수수께끼 생명체

바워코지는 남아프리카 공화국의 카루 마을에 출현하는 수수께끼의 생물이에요. 2011년 4월경, 현지 주민이 양복 차림의 인간에게 말을 걸자 갑자기 돼지로 변신했으며, 다른 주민의 앞에서는 박쥐로 변해 날아갔다고 해요. 이 소문이 퍼지자 마을은 혼란에 빠졌고 경찰이 출동할 정도로 큰 소란이 일어났어요. 그 뒤에도 개로 혹은 원숭이로 변했다는 등의 목격 정보가 있었어요. 현지에서는 자유롭게 모습을 바꾸는 괴물로, 두려움의 대상이 되었답니다.

UMA 데이터

- **레어도**: ★★★
- **몸길이**: 다양한 크기로 변화
- **장소**: 마을
- **모습**: 변신 전에는 옷을 입은 인간
- **특징**: 돼지나 박쥐로 변신
- **국가·지역**: 남아프리카 공화국
- **가설**: 불명

프로그맨

두 다리로 걷는 겁쟁이 개구리 인간

등지느러미와 물갈퀴가 있으며 얼굴은 마치 개구리 같은데, 인간처럼 두 다리로 서서 걸어요. 이런 괴상한 생물이 바로 프로그맨이에요. 피부는 끈적끈적하고 키는 50~120cm로 인간 어린아이만한 크기예요. 미국의 오하이오주 리틀마이애미 부근에서 여러 차례 목격되었어요. 1955년 5월 깊은 밤, 개구리 인간 셋이 걷고 있는 모습이 처음으로 목격됐고, 이어서 1972년에는 경찰관과 마주쳤어요. 가까이 다가오지 않았다는 것을 보면 겁쟁이일 가능성이 커요.

UMA 데이터

- **레어도**: ★★★
- **몸길이**: 50~120cm
- **장소**: 강
- **모습**: 피부가 끈적끈적
- **특징**: 이족 보행을 하며, 겁이 많고 해를 끼치지 않음
- **국가·지역**: 미국
- **가설**: 개구리의 돌연변이

개와 도마뱀의 모습을 모두 지닌 흡혈 생물!

아스왕

2006년에 한 장의 사진이 사람들에게 큰 충격을 안겨 주었어요. 사진에 담긴 모습은 오래전부터 필리핀에 전해 내려오는 괴물 아스왕이었어요. 머리는 개를 닮았지만 몸은 도마뱀이고, 날개가 있어 하늘을 자유롭게 날아다녀요. 여러 모습을 지닌 이 생물은 몸길이가 1.5~2m 정도로 매우 크답니다. 아스왕의 목격 정보는 필리핀 팔라완섬에 집중되어 있어요. 2005년에는 한 농부가 아스왕과 특징이 비슷한 괴물에게 잡혀간 사건이 발생했어요.

또, 2006년에는 사냥꾼이 갑자기 뒤에서 누군가에게 습격을 받아 기절하기도 했지요. 목숨은 구했지만 다량의 피를 앗아 갔다고 해요. 이 사실은 사람들을 두려움에 떨게 했어요. 현지에서는 '전설의 아스왕이 모습을 드러냈다'라며 큰 소란을 피우는 사람, 거대한 박쥐를 착각한 것이란 사람 등 여러 주장이 있었지만 진상은 밝혀지지 않았을뿐더러 조사도 진전이 없었어요.

UMA 데이터

레어도	★★★
몸길이	1.5~2m
모습	개의 머리에 도마뱀 몸, 날개가 있음
특징	살아 있는 인간의 피를 흡혈
장소	하늘
국가·지역	필리핀
가설	큰박쥐

2장

UMA 사건 수첩

아스왕이 서식하는 비사야 제도. 열대 우림으로 둘러싸인 높은 산악 지대로, 아직까지 개발이 되지 않아 미지의 생물들이 살고 있을 가능성이 있어요.

UMA 사건 수첩

강가에서 촬영된 바이아 비스트. 목격 증언에 따르면 매우 무서운 모습을 하고 있지만 진흙투성이 인간이란 설도 있어요. 진흙으로 머리카락을 세우면 뿔처럼 되고 몸도 검게 변해요. 이 주장의 진위는 확실치 않지만 하루빨리 진상이 밝혀지길 기대해요.

바이아 비스트

사진에 기괴한 모습이 찍힌 브라질의 괴수

바이아 비스트는 2007년 7월에 브라질 바이아주 포르투세구로의 강에서 발견된 괴수예요. 미국에서 브라질로 여행을 온 15세 소녀가 그 모습을 사진에 담아 세상에 공개했어요.
사진을 보면, 괴물은 강에서 상반신을 드러낸 채 물고기를 손에 들고 있어요. 온몸이 검게 빛나고 머리에는 뿔인 듯한 물체가 있어요. 언뜻 보면 검은 괴물 같지만 검게 빛나는 것은 몸 전체에 묻은 진흙일 가능성도 있어 진짜 피부색은 알 수 없어요.

뿔에 관해 인간의 머리카락에 묻은 진흙이 딱딱하게 굳은 것이란 설도 있지만, 사진을 잘 보면 머리카락이 아니라 진짜로 뿔이 보여요. 한편, 눈은 인간의 것이라고는 생각할 수 없는 매우 무서운 눈매를 하고 있어요.
이것 외에는 목격 정보가 없어 다양한 추측을 불러일으키는 미확인 생물이랍니다.

UMA 데이터

레어도	★★★
몸길이	인간과 동일
장소	강
모습	몸은 인간과 비슷하지만, 머리에 뿔이 있음
특징	물고기 등을 잡아먹음
국가·지역	브라질
가설	불명

테티스 호수의 반어인

예리한 볏으로 인간을 베어 상처 입히는 반어인

캐나다의 브리티시 콜롬비아주 테티스 호수에는 반어인(半魚人)이 살고 있어요. 목격 정보에 따르면, 몸길이가 1.5m 정도로 작으며 온몸이 비늘로 덮여 있다고 해요. 머리에는 6개의 가시 혹은 볏이 나 있어요. 인간처럼 두 다리로 서서 걷는다는 점에서 반어인이라 부르지만, 전체적인 인상으로 보자면 인간형 파충류라 해도 틀리지 않을 거예요. 처음으로 목격된 1972년 여름, 현지의 두 소년이 호수 부근의 레크리에이션 회관에서 놀고 있는데 갑자기 물속에서 기괴한 생물이 튀어나왔다고 해요. 괴물은 두 소년을 쫓아와 머리의 가시로 한 명에게 상처를 입혔어요. 그로부터 며칠 뒤, 소년들의 이야기를 들은 경찰관이 순찰을 돌고 있는데 다시 반어인이 나타났고, 이때는 바로 물속으로 들어가 버렸다고 해요.

UMA 데이터
- **레어도** ★★★
- **몸길이** 1.5m
- **장소** 호수
- **모습** 온몸이 비늘로 덮여 있고 얼굴은 인간의 모습을 하고 있음
- **특징** 머리의 가시로 사람을 공격함
- **국가·지역** 캐나다
- **가설** 반어인, 도마뱀의 변이

UMA 사건 수첩
테티스 호수의 반어인

File 1. 최초의 목격자는 두 소년

캐나다의 테티스 호수에서 놀던 두 소년이 갑자기 물 위로 나타난 반어인을 목격, 테티스 호수의 이 반어인에게 쫓겨 한 명은 상처를 입었어요. 이것이 테티스 호수의 반어인에 관한 최초의 목격담이랍니다. 소년들에게 이 이야기를 들은 경찰도 조사를 하다 테티스 호수의 반어인을 발견했는데, 바로 물속으로 사라져 버렸어요.

캐나다에 있는 테티스 호수. 이곳에 반어인이 살고 있을까요…….

File 2 - 거대해진 채찍꼬리도마뱀이란 설도

최초의 목격 정보가 퍼진 후, 신문에 애완용으로 키웠던 채찍꼬리도마뱀이 도망쳤다는 소식이 실렸어요. 때문에 소년이 이 도망친 도마뱀을 잘못 본 것이란 주장도 있었어요. 채찍꼬리도마뱀은 완전히 성장하면 120cm 정도까지 커져요. 하지만 이족 보행을 하지 않으므로 목격 정보와 달랐어요. 그리고 캐나다의 호수에서는 살 수 없을 거라며 의문을 품는 사람이 많았는데, 진상은 명확하지 않아요.

채찍꼬리도마뱀. 1m 이상 크는 대형 도마뱀.

File 3 - 두 번째 목격 증언은 새빨간 거짓말?

최초의 목격 후, 경찰은 괴물의 모습에 관해 발표했어요. 그에 따르면, 괴물은 발에 물갈퀴가 있고 얼굴은 인간을 꼭 빼닮았으며 귀가 컸다고 해요. 사건은 9월에 현지 신문에 실렸는데 얼마 지나지 않아 반어인을 보았다는 다른 소년이 나타났어요. 소년의 말에 따르면 괴물은 물 위로 나와 바로 모습을 감추었다고 해요. 하지만 이 소년의 증언은 바로 거짓임이 드러났어요. 그래도 반어인을 보았다는 목격담은 진실이며, 진상 해명이 기대되는 UMA예요.

UMA 데이터

- **레어도** ★★☆
- **몸길이** 2~3m
- **장소** 마을, 늪
- **모습** 온몸은 털로 덮여 있고 눈이 크고 붉음
- **특징** 악취를 풍기며 날카로운 발톱으로 공격함
- **국가·지역** 미국
- **가설** 거대한 유인원

포크 몬스터

악취를 풍기는 털북숭이 UMA

미국의 아칸소주 남부의 작은 마을 포크에 거대한 UMA가 나타났어요. 목격자에 따르면 몸길이가 약 2m 정도라고 하고, 그중에는 3m 가까이 된다는 증언도 있었어요. 얼굴을 포함해 온몸은 털로 덮여 있으며 크고 붉은 눈을 가졌어요. 이족 보행을 하며, 행동이 날쌔고 예리한 발톱으로 공격해요. 또한, 무서울 정도의 악취를 풍긴다고 해요. 최초의 목격이 1908년이란 설도, 1946년이란 설도 있고, 현지에서는 이따금 가축이 사라져 큰 문제가 되고 있어요.
1971년에는 민가의 마당에 나타난 괴물을 보고 주민이 총을 쐈는데 이에 화난 포크 몬스터가 그를 잡아 강하게 내동댕이쳤다고 해요. 이때는 현관에 할퀸 흔적과 세 발가락의 발자국이 발견되었어요. 이 포크 몬스터는 인간을 두려워하지 않고 종종 민가로 접근하여, 2005년에도 주민을 덮친 사건이 발생했어요.

UMA 사건 수첩

포크 몬스터가 목격된 아칸소주 포크 지역의 늪. 악취는 이 늪의 냄새가 밴 탓일 거예요.

중국의 산에 사는 수수께끼 인간형 UMA

빅풋(➡P98), 예티(➡P80)와 더불어 세계 3대 반인반수의 하나인 UMA예요.
야인의 체격은 인간과 비슷하며 키는 약 2m에 달해요. 적갈색의 털이 온몸을 덮고 있고 이족 보행을 해요. 산속 동굴과 나무 위에서 서식하며 식물과 나무 열매를 먹고 생활해요. 인간과 만나면 웃는다는 보고도 있어요.
중국의 후베이성, 선능자임구에 목격 정보가 집중되며, 현지에서는 관료에서 주민에 이르기까지 실제로 많은 사람들이 이 괴물을 목격했어요.
때문에 1974년에는 중국과학원이 학술 조사를 시작했어요. 현재도 몇 개의 단체가 조사, 연구 중에 있어요. 그 정체와 관련해서는 고대 유인원 기간토피테쿠스라는 설과 인간이 환경에 적응하느라 털이 많아졌다는 설 등 다양한 주장이 있어요.

UMA 사건 수첩

적갈색의 털과 체격 등 야인은 오랑우탄과도 닮았어요. 독자적으로 진화한 신종 유인원일지도 몰라요.

야인

2장

UMA 데이터

- **레어도** ★★
- **몸길이** 2m
- **장소** 산
- **모습** 온몸이 적갈색 털로 덮여 있고 얼굴은 인간과 유사함
- **특징** 운동 능력이 뛰어나고 인간을 만나면 웃음
- **국가·지역** 중국
- **가설** 고대 유인원, 인간 진화

2장

몽키맨

헬멧을 쓴 위험한 원숭이형 UMA

2001년 5월 인도 뉴델리에서 몽키맨이라 불리는 미확인 생물이 나타났어요. 어느 날 밤, 갑자기 원숭이와 비슷하게 생긴 생물이 나타나 마구 날뛰었어요. 더위로 인해 실외에서 자고 있던 사람들을 할퀴고 물고 목을 조르는 등 폭력을 휘둘렀어요. 그 뒤에도 매일 밤마다 나타났다고 해요.

피해자가 100명을 넘었으며, 그중에는 공포를 느낀 나머지 지붕에서 떨어져 목숨을 잃은 사람도 있었어요. 결국 이 소란은 경찰 1,000여 명을 동원할 정도로 큰 소동이 되고 말았어요.

이 몽키맨을 목격한 사람들의 이야기를 정리하면 정말로 기묘한 모습이었다고 해요. 그도 그럴 것이 헬멧을 쓴 원숭이가 바지를 입고 신발까지 신고 있었다지 뭐예요. 키는 약 1.4~1.6m로 목격담에 따라 다르지만, 작은 몸으로 재빠르게 움직였다고 해요. 10m 높이까지 점프하는 것을 보았다는 사람도 있어요. 이들 증언들이 이어지자 군이 개발한 동물 병기라는, 정체에 관한 터무니없는 소문까지 떠돌았다고 해요.

UMA 데이터

레어도	★★★
몸길이	1.4~1.6m
장소	마을
모습	날카롭고 긴 발톱을 가졌으며 원숭이와 유사
특징	할퀴고 무는 등의 공격을 함
국가·지역	인도
가설	군이 개발한 동물 병기

몽키맨

UMA 사건 수첩

몽키맨에게 현상금을 걸다

2001년 5월 몽키맨이 나타나 한바탕 소란이 일었던 사건으로 뉴델리 경찰은 수배를 내리고 5만 루피(한화 약 80만원)의 현상금을 내걸었어요. 이 현상금은 당시의 인도에서는 상당한 고액이었답니다. 수배 전단에 따르면 두 종류의 모습으로, 온몸이 검은 털로 뒤덮인 생물이거나 검은 옷을 입고 헬멧을 쓴 모습이었다고 해요. 하지만 몽키맨은 잡히지 않았고, 목격자 중에는 그를 손오공이라고 부르는 사람도 있었어요.

중국의 소설 『서유기』에 등장하는 손오공. 몽키맨과 닮았다고 해요.

File 2 정체는 유인원의 돌연변이?

몽키맨에 관해서는 다양한 설이 있는데 그중 하나는 유인원의 일종이거나 유인원의 돌연변이라는 주장이랍니다. 반대로 인간이 원숭이처럼 돌연변이를 일으켰다는 주장도 있어요. 인간과 동일한 복장을 하고 있었다는 점에서 지능이 높은 생물이라 볼 수 있어요. 지구 밖의 생명체로, 우주인의 애완동물이라고 주장하는 사람과 생물 병기라는 사람까지 나타났지만 어떤 것이 진실인지는 알 수 없어요.

인도에 서식하는 원숭이. 야생 원숭이란 설도 유력해요.

File 3 팔을 물어뜯는 UMA가 다시 출현

소동이 있고 1년 뒤, 이번에는 뉴델리의 근교에서 괴물 소동이 일었어요. 마을 사람들이 날카로운 발톱을 가진 생물에게 습격당했다는 것이었어요. 피해자 중 한 명은 팔의 살이 물어 뜯겼다고 증언했어요. 이 UMA를 '무흐노츠와(Muhnochwa)(발톱을 세운 것)'라 불렸는데, 목격 증언이 거북이와 비슷하다거나 긴 머리카락의 남자라는 등 이상한 것이 많아 몽키맨과 동일한 생물인지 확실하지 않아요. 하지만 뉴델리 부근에 위험한 생물이 있을 가능성은 높답니다.

알마스

자동차에 맞먹는 속도로 달리는 러시아의 야수

세계 야수형 UMA 중에 인간과 얼굴이 가장 닮았어요. 키는 약 2m이고 성격이 온순해요. 적갈색 털이 온몸을 덮고 있고 이족 보행을 하지요. 가끔 자동차와 같은 시속 60km의 속도로 달려서 사람들을 놀라게 한다고 해요. 그리고 도망칠 때는 '붕, 붕' 하고 기묘한 소리를 내요.
러시아의 캅카스 지방을 중심으로 500건 이상의 목격담이 줄을 이었어요.

이 이야기들에는 공통점이 많아 실제로 존재할 가능성이 높다고 추정하고 있어요.
1992년에는 러시아와 프랑스의 과학자들이 합동 조사를 하면서 화제가 되었어요. 그때는 알마스의 거처나 식사 흔적, 배설물 등도 발견되었다고 해요. 현재는 다양한 증거와 증언을 바탕으로 네안데르탈인의 후손이란 설이 유력해요.

UMA 데이터

레어도	★★☆
몸길이	1.6~2.2m
장소	산
모습	인간의 얼굴, 온몸은 적갈색 털로 덮여 있음
특징	성격이 온순하고 도망치는 속도가 빠름
국가·지역	러시아
가설	네안데르탈인의 후손

UMA 사건 수첩

목격담에 따르면 인간의 조상인 네안데르탈인(사진)의 후손 설이 유력해요. 이것이 사실이라면 인간에 가까운 얼굴을 하고 있는 것도 이해할 수 있어요.

허니 스왐프

개흙과 같은 악취를 풍기는 미끌미끌한 반어인

미국, 루이지애나주 남부의 습지대에 있는 허니 아일랜드 늪. 이곳에는 하수구 오물의 악취를 풍기는 허니 스왐프 몬스터가 살고 있어요.
몸 전체가 미끌미끌한 털 혹은 비늘로 덮여 있고 서서 이족 보행으로 이동해요. 이른바 반어인(半魚人) 유형의 UMA랍니다.
키는 1.5~2m나 되며 섬뜩한 노란색 눈과 발에는 네 발가락(세 개라는 설도 있음)이 있어요. 손톱이 매우 날카로워 멧돼지를 한 번에 베어 버릴 수 있다고 해요.
1963년에 처음으로 목격되었다고 해요. 사냥을 간 사람이 캠프장에서 쉬고 있을 때 악취와 함께 괴물 넷이 나타나, 총을 쏘았더니 늪으로 사라졌다고 해요. 그 뒤에도 늪 부근에서 멧돼지의 사체가 발견되는 등의 사건이 생겨 현지 사람들을 공포에 떨게 했어요.

UMA 사건 수첩

허니 스왐프 몬스터가 서식하고 있는 허니 아일랜드 늪. 보기에도 오싹하지 않나요?

생명의 진화

진화 생물, 미진화 생물

동물, 식물, 어류, 곤충의 대부분은 진화를 이룬 결과, 현재의 모습을 하고 있어요. 하지만 각각의 뿌리를 찾아 시간을 거슬러 올라가면 약 40억 년 전, 지구의 바다에서 맨 처음 탄생한 하나의 작은 생명체에 도달하게 된답니다. 그로부터 긴 시간에 걸쳐 바닷속에서 생태가 나뉘기 시작했고 그 뒤 육지에 오른 생물, 바다에 남은 생물로 나뉘어져 진화를 계속해 왔어요. UMA도 현재의 동물들, 혹은 과거에 살았던 생물들이 미지의 장소에서 진화를 거듭한 모습일지도 몰라요. 현재의 조류나 파충류는 고대 생물이 진화 과정에서 갈라진 종족이라 할 수 있어요. 마찬가지로 네시(➡P162)를 비롯해 로펜(➡P42), 나후엘리토(➡P150)와 같이 고대 생물의 후손으로 추정되는 UMA도 많지요. 특히 물에 사는 UMA에게서 고대 생물의 특징을 많이 볼 수 있어요. 정체가 확인된 실러캔스나 앵무조개와 같이 몇 억 년의 시간이 지난 지금도 모습을 바꾸지 않고 계속 살고 있는 생물도 있어요. 이들을 살아 있는 화석이라 부르지요.

이 책에서는 기묘한 모습의 UMA도 소개하고 있지만, 그것은 진화 과정에서 환경에 가장 잘 적응하기 위해 얻은 모습일 거예요. 인간도 지능이 높은 원숭이의 일종인 유인원이 환경에 적응하기 위해 진화한 모습이라고 해요. 만일 그 도중에 인간이 되지 못하고 다른 진화를 거쳐 야인(➡P118)이나 빅풋(➡P98)과 같은 모습을 하게 되었거나 오랑 이칸(➡P84)과 같이 다시 물속으로 돌아가 살게 되었다고 해도 이상할 것이 없지요.

실러캔스는 3억 5천만 년 전과 변함없는 모습으로 살고 있어요.

3장

수중 UMA

드넓은 바다와 신비로운 호수에는 UMA가 많이 서식하고 있어요.

이런 수중 UMA는 멸종된 파충류의 모습과 매우 비슷하답니다.

반 호수의

물을 뿜는 터키의 거대한 수중 생물

반 호수의 괴물은 터키 동부에 있는 커다란 반 호수에서 목격된 거대 생물이에요. 몸길이가 15~20m로 매우 크고, 고래처럼 몸을 위아래로 흔들며 헤엄쳐요. 보통은 호수 바다 깊이 내려가 머무르지만 이따금 물 위로 올라와 고래처럼 물을 뿜어요. 공중으로 점프도 할 수 있다고 하니 놀라울 따름이에요. 성격은 온순해서 인간을 공격하지 않아요. 낮게 울음소리를 내기도 한답니다. 1990년대부터 목격했다는 정보가 늘어나더니, 1994년에는 현지 부지사와 의원이 반 호수의 괴물과 마주쳤다는 목격담을 털어놓았어요. 1997년에는 대학

3장

UMA 사건 수첩

반 호수의 괴물은 목격담에 따르면 고대 생물의 후손일 가능성이 높아요. 고래의 일종인, 사진 속 고대 생물 바실로사우루스와 몸이 길다는 공통된 특징을 갖고 있어요.

괴물

연구생이 찍은 비디오 영상에 보글보글 물거품을 일으키며 수면 위를 헤엄치는 모습이 선명하게 잡혔어요.
정체와 관련해서는 멸종된 고래 바실로사우루스의 후손이란 설이 유력해요. 반 호수는 깊이가 400m인 곳도 있어, 고대 생물이 조용히 살아가기에 알맞은 장소지요.

UMA 데이터

레어도	★★☆
몸길이	15~20m
장소	호수
모습	고래와 유사함
특징	몸을 위아래로 흔들며 헤엄치고 물을 뿜음
국가·지역	터키
가설	고대 고래의 후손

닌키 난카

목격자는 죽음을 맞는 공포의 UMA

아프리카 감비아의 국립 공원에서 발견된 수생 생물로 습지에 살아요. 모습은 뿔 달린 말 머리에, 악어나 뱀처럼 몸이 길어요. 몸길이는 10~50m 정도로 매우 길고 크답니다.

닌키 난카는 현지 언어로 '악마의 용'이라는 뜻이에요. 일설에는 용이란 이름에 걸맞게 불을 뿜을 뿐 아니라 날개도 있다고 해요. 현지에서는 이 생물을 목격한 인간은 병에 걸려 몇 주 안에 죽는다는 전설이 있어요.

2003년에 맨 처음 목격되었으며, 국립 공원의 자연 보호관이 이 거대한 생물을 발견했어요. 그 뒤 보호관이 어떻게 됐는지 확실하게 알려지지 않았어요. 2006년에는 영국 동물학자를 중심으로 연구 팀이 꾸려져 닌키 난카의 조사에 나섰지만 목격은커녕, 서식하고 있다는 증거조차 찾지 못했어요. 조사에 참여한 한 학자는 실제로 존재할지에 관해 의문이라고 말했어요.

UMA 데이터

레어도	★★★
몸길이	10~50m
장소	늪
모습	말의 머리, 악어와 뱀처럼 긴 몸
특징	목격하면 병에 걸려 죽음
국가·지역	감비아
가설	불명

UMA 사건 수첩

닌키 난카가 산다고 알려진 감비아의 습지대. 맹그로브가 우거져 생물이 숨어 지내기에 아주 좋은 장소랍니다.

먹잇감을 통째로 삼키는 바다 괴물

세계 각지의 바다에서 목격되는 미확인 생물이에요. 몸은 뱀처럼 가늘고 길며 몸길이가 최대 60m나 된답니다. 삐죽삐죽 톱날 같은 이빨, 뾰족한 머리가 특징이고 성격이 매우 사나워요. 몸은 초록색인데 배 부분만 크림색이었다는 목격담도 있어요. 고래처럼 머리에서 물을 뿜고 먹잇감을 발견하면 통째로 삼키거나, 물어뜯거나, 힘껏 휘감아 조이는 등의 공격을 해요.

가장 오래된 목격 정보는 2,300~2,400년 전까지 거슬러 올라가요. 그리스의 철학자 아리스토텔레스가 쓴 기록 중에 '거대한 바다뱀이 리비아 앞바다에서 배를 덮쳐 가라앉혔다'라는 부분이 있어요. 18세기 이후, 목격담이 급격하게 늘어났는데 특히 뱃사람들의 이야기가 많아요. 최근에는 거대해진 산갈치나 무태장어라는 설이 힘을 얻고 있어요.

UMA 데이터

레어도	★★★
몸길이	20~60m
장소	바다
모습	톱날 같은 이빨, 뾰족한 머리, 가늘고 긴 녹색 몸
특징	성격이 사납고 먹잇감을 통째로 삼킴
국가·지역	세계 각지
가설	산갈치, 무태장어

UMA 사건 수첩
시 서펜트

File 1 남아프리카 앞바다에서 목격된 UMA

시 서펜트의 목격담 중에 영국의 호위함 다이달로스와 관련된 정보가 가장 유명해요.
1848년, 남아프리카의 희망봉과 남대서양의 세인트헬레나 중간에서 함장 외에 8명이 100m 앞을 헤엄쳐 가는 괴물을 목격했어요. 전체 길이가 30m 가까이 되었고 20분 정도 헤엄치자 수평선 너머로 사라졌다고 해요.

이때는 다소 거리가 멀었기 때문에 이빨이나 지느러미 등 자세한 특징은 보이지 않았지만 어렴풋이 갈기와 같은 것이 확인되었다고 해요.

1964년에 오스트레일리아에서 시 서펜트가 촬영되었어요.

File 2 — 최초 목격은 신화의 시대?

옛날에는 그리스 신화나 '구약 성서'에도 시 서펜트가 등장했어요. 지금으로부터 2,700년 전에, 아시리아의 왕 사르곤 2세가 항해 도중 시 서펜트를 만났다고 해요.
1892년에는 네덜란드의 동물학자인 오우데만스가, 자신의 책 『큰 바다뱀』속에서 정체를 검증했는데, 그에 따르면 시 서펜트는 긴 목과 꼬리를 가진 바다표범과 같은 생물이라고 해요.

다양한 문헌에 시 서펜트의 존재가 기록되어 있어요.

File 3 — 시 서펜트의 정체……?

시 서펜트는 남극이나 미국 샌프란시스코 등 다양한 지역에 출몰하고 있어요.
정체와 관련해서는 심해에 있는 거대한 생물 산갈치가 아닐까 하는 설이 유력해요.
그리고 거대해진 바다뱀이라는 의견도 있어요. 그중에는 몸길이가 15m를 넘는 고대 상어 메갈로돈의 후손설을 주장하는 사람도 있어요. 세계 각 지역에서 목격되고 있지만 정체는 아직까지 밝혀지지 않았답니다.

UMA 사건 수첩

챔프를 처음 목격한 사람은 모험가 사뮈엘 드 샹플랭이에요. 샘플레인 호수의 이름을 지은 사람이기도 해요.

수염이 있는 미국의 네시

챔프

3장

미국의 북동부에 위치한 샘플레인 호수. 전체 길이가 170km나 되는 이 호수에 서식하고 있는 UMA예요. 공룡형 괴물로, 네시와 많이 닮았지만 목에 돌기가 있고 얼굴에는 굵은 수염이 있어요. 먹잇감을 발견하면 공격적으로 빠르게 달려든다고 해요.

챔프의 목격 정보는 매우 많아요. 1977년에는 현지에 소풍을 나갔던 여성이 그 모습을 사진에 담았어요. 사진에는 약 40m 떨어진 곳에서 나타난 챔프가 찍혀 있었고, 컴퓨터로 조사했더니 수면 위로 나와 있는 부분만 7m에 가까웠다고 해요. 그리고 2006년에는 낚시꾼이 촬영한 챔프의 동영상이 TV에 나와 화제가 되었어요.

정체와 관련해서는 멸종한 수생 파충류 플레시오사우루스의 후손이란 설이 유력해요.

UMA 데이터

레어도	★★★
몸길이	7~24m
모습	목에 돌기, 얼굴에는 굵은 수염이 있음
특징	공격적인 성격으로, 먹잇감을 발견하면 곧바로 달려듦
장소	호수
국가·지역	미국
가설	플레시오사우루스의 후손

코끼리처럼 긴 코를 가진 거대한 바다 괴물

1922년, 남아프리카 공화국의 연안에서 두 마리의 범고래와 싸우는 모습이 목격되었어요. 크기는 약 15m로 매우 거대해요. 몸에는 길이 20cm 정도의 털이 나 있고, 코끼리처럼 긴 코가 있어요. 그중에는 바닷가재와 비슷한 꼬리가 있었다는 증언도 있어요.
트렁코라는 이름은 '트렁크(trunk)'에서 왔는데, 이것은 영어로 코끼리의 코를 뜻한답니다. 범고래와의 싸움에서 트렁코는 긴 코를 휘두르며 맞섰지만,

결국 싸움에 져 머리 부분이 뜯겨져 나갔고 그 사체가 해안가로 떠밀려 왔어요. 하지만, 사체에는 어떤 이유인지는 알 수 없지만, 피가 남아 있지 않았다고 해요.
정체에 관해서는 고래설, 돌묵상어(상어의 일종)설 등이 있지만, 트렁코와 동일한 특징을 가진 생물은 태고에도 현재에도 없기 때문에 '미지의 생물'이라는 의견이 많아요.

UMA 사건 수첩

사진의 바다코끼리도 긴 코를 가졌어요. 다만, 목격 정보에 따르면 트렁코는 코의 길이가 사람의 키 정도라고 해요.

말의 얼굴과 뱀의 몸을 가진 기묘한 수생 UMA

셀마

말 혹은 사슴의 머리, 거대한 뱀의 몸을 가진 기묘한 모습의 UMA예요. 노르웨이의 셀요드(Seljord) 호수에서 목격되었는데 지금까지 100건 이상의 정보가 전해지고 있어요. 뱀처럼 가늘고 긴 몸을 구불거리며 물속을 헤엄쳐요. 몸길이는 최대 10m에 달한다고 해요. 성격이 온순하고, 인간을 공격하는 일이 거의 없어요.

2000년에는 조사단이 결성되어 2주간에 걸쳐 생포 작전이 이루어졌지만, 이때는 아무런 성과를 거두지 못했어요. 다음 해 다시 조사를 실시, 마침내 셀마로 추정되는 생물을 사진에 담을 수 있었어요.

게다가 2004년에는 비디오 촬영에 성공해 기묘한 소리로 우는 셀마의 모습을 영상으로 확인할 수 있었어요. 이 조사단은 셀마의 정체가 턱이 없는 원시적인 척삭동물 야모이티우스일 거란 가설을 세웠지만 정확한 사실은 아직 알려지지 않고 있어요.

UMA 데이터

레어도 ★★★	**특징** 성격이 온순하고 인간을 공격하지 않음
몸길이 10m	
장소 호수	**국가·지역** 노르웨이
모습 머리는 말, 뱀처럼 긴 몸	**가설** 야모이티우스

3장

UMA 사건 수첩

목격자의 증언에 따르면 셀마에게는 턱이 없어요. 사진의 칠성장어와 특징이 동일한 것으로 보아, 셀마는 이것이 거대해진 모습일지도 모르겠어요.

나가

강에서 불덩어리를 뿜어 대는 거대한 뱀

나가는 동남아시아의 메콩강에서 목격된 UMA예요.
몸은 용이나 뱀의 형태를 하고 있으며, 온몸이 비늘로 덮여 있어요. 머리에는 여러 개의 날카로운 돌기가 있는데 뿔이나 갈기일 거라고 해요.
실제로 인도네시아의 수마트라섬에서는 뿔이 2개인 나가를 목격한 정보가 있었어요.
몸길이는 10m를 시작으로, 큰 것은 70m나 된다고 해요. 이 거대한 몸을 구불거리며 강을 헤엄쳐 먹잇감을 사냥해요. 입에는 날카로운 이빨이 있어서 이것으로 먹잇감을 물어뜯는데, 무엇을 먹는지는 아직 알려지지 않았어요.
메콩강 유역에서는 불교 행사 때가 되면 강에서 불덩어리가 올라가는 신비한 현상이 여러 번 목격되었어요. 현지 전설에 따르면 이것은 나가가 입에서 불덩어리를 뿜어 대는 것이라고 해요.

UMA 데이터

레어도	★★★
몸길이	10~70m
장소	강, 호수
모습	뱀이 거대해진 모습으로, 머리에 여러 개의 돌기가 있음
특징	날카로운 이빨로 먹잇감을 물어뜯고 입에서 불덩어리를 뿜어 댐
국가·지역	태국, 인도 등
가설	거대한 뱀

UMA 사건 수첩

나가

File 1. 밤하늘을 향해 불덩어리를 뿜는 나가

나가는 태국 동북부에 흐르는 메콩강에 서식한다는 소문이 있어요. 강을 헤엄치는 모습을 보았다는 목격담을 보면 이 소문이 진짜일 가능성이 높아요. 이 강에서는 물속에서 공중을 향해 불덩어리가 올라가는 현상이 목격되었어요. 이것이 나가가 쏘아 올린 불덩어리라며 그 신비한 현상을 보기 위해, 매년 10월 보름달이 뜨는 날이면 방파이 파야낙(Bang Fai Phaya Nark) 행사가 열려요. 불덩어리의 크기는 불꽃처럼 작은 것에서 농구공만 한 것까지 다양하답니다. 이 불덩어리가 정말로 나가가 뿜어낸 것인지에 관한 진실이 밝혀질 날이 기다려져요.

이렇게 평온한 강에서 정말로 불덩어리가 올라갈까요?

File 2 · 나가는 석가의 수호신?

UMA로 알려진 나가는 인도 신화에 나오는 뱀의 정령, 뱀의 신이라고도 해요. 석가가 깨달음을 구할 때 수호하는 역할을 담당했다고 하여 그 뒤 불법의 수호신이 되었어요. 때문에 힌두교나 불교의 사원에서는 조각으로 장식된 나가의 모습을 쉽게 볼 수 있어요. 나가는 사원 입구를 수호하는 존재인 것이지요. 그중에는 몸에서 여러 개의 머리가 튀어나와 있는 것도 있어요.

힌두교나 불교의 사원에서는 나가의 조각을 볼 수 있어요.

File 3 · 금색 비늘에 싸인 UMA

이 밖에 목격 정보로는 제2차 세계 대전 중의 것이 있어요. 이것에 따르면 말레이시아의 경찰 장교가 타세크 베라(Tasek bera) 호수에서 수영을 하다가 거대한 생물과 마주쳤다고 해요. 이 생물은 5m 정도 물 위로 솟구치며 헤엄을 쳤다고 해요. 이 모습은 목격된 나가의 특징과 매우 유사해요. 덧붙이자면 이때 목격된 나가는 온몸이 금색 비늘로 덮여 있었다고 해요.

미고

바다거북의 발과 갈기를 가진 UMA

파푸아 뉴기니의 화산 호수. 이 호수에서 여러 차례 목격되었다고 해요. 언뜻 보면 거대한 악어 같지만 목에 말처럼 갈기가 있고 바다거북 같은 발을 가진 기묘한 생물이에요. 꼬리는 악어와 유사하고 성격은 매우 사나우며, 보름달이 뜨는 밤에는 육지에 올라 가축을 덮친다고 해요. 1994년에는 일본의 TV 프로그램에서 물속을 헤엄치는 모습 등을 촬영했어요. 수생 생물 모사사우루스의 후손이란 설이 유력해요.

UMA 데이터

레어도	★★★
몸길이	10m
장소	호수
모습	말 같은 갈기와 거북을 닮은 손발을 지녔음
특징	성격이 사납고 육지에 올라 가축을 덮침
국가·지역	파푸아 뉴기니
가설	모사사우루스의 후손

스토르시에

울부짖으며 달려드는 수생 야수

스웨덴의 스토르시왼 호수에 산다고 해요. 전체 길이가 15m 정도로 뱀처럼 가늘고 긴 몸에 큰 꼬리지느러미가 있어요. 얼굴은 개, 고양이, 말 등 목격 정보에 따라 모습이 달라요. 적을 향해 돌진하며, 울부짖는 특징이 있다고 전해져요.

1635~2005년 사이에 500건 이상의 목격 사례가 있었는데 현지의 환경국이 멸종 위기종으로 지정하여 죽이거나 포획하는 것을 금지시켰어요.

UMA 데이터

- **레어도**: ★★★
- **몸길이**: 15m
- **장소**: 호수
- **모습**: 뱀처럼 가늘고 긴 몸에 큰 꼬리지느러미가 있음
- **특징**: 적을 향해 돌진하고, 울부짖음
- **국가·지역**: 스웨덴
- **가설**: 불명

나후엘리토

물고기의 지느러미를 가진 남미의 네시

아르헨티나의 나우엘우아피 호수에 서식하는 UMA예요. '남미의 네시'라고 불려요. 공룡을 닮았지만 몸에는 물고기 같은 지느러미가 있어요. 머리가 작고 목이 길며 등에는 두 개의 혹이 있어요. 몸길이는 5m에서 40m까지 목격담에 따라 다양하답니다.

1897년에 처음 목격되었는데 현지 주민이 호수를 산책하던 중 마주쳤어요. 그 이후 현지에서는 이 괴물의 전설이 입에서 입으로 전해지고 있어요.
1978년에는 호수의 수면에서 3m 정도 목을 내밀고 있는 괴물이 여러 사람에게 목격되었어요. 또한,

3장

UMA 사건 수첩

2006년 아르헨티나의 신문사에 익명의 남자가 나후엘리토로 추정되는 사진을 보내왔어요. 신문에 게재되면서 이 생물이 널리 알려지게 되었어요.

2006년에 나후엘리토로 보이는 사진이 공개되었는데 진짜인지 아직은 알 수 없어요.
현지에서는 지폐로 디자인될 만큼 인기가 높답니다. 수장룡 플레시오사우루스의 후손설이 유력하지만, 정체는 아직 밝혀지지 않고 있어요.

UMA 데이터

레어도	★★☆
몸길이	5~40m
장소	호수
모습	몸에는 지느러미가 있고 목이 가늘고 길며 머리가 작음
특징	물 위로 높이 얼굴을 내민 채 헤엄침
국가·지역	아르헨티나
가설	수장룡의 후손

151

촉수로 배를 덮치는 초거대 문어

루스카

플로리다 반도의 남동부에 위치한 바하마 제도에는 어부들이 루스카라 부르는 초거대 문어가 서식하고 있어요. 몸길이는 20~30m로, 그중에는 60m에 이르는 것도 있어요. 블루홀이라 불리는 원형 해저 동굴에 숨어 있다가 해수면 위로 촉수를 내밀어 배를 덮친다고 해요. 루스카라는 이름은 바하마의 신화에 나오는 바다 괴물에서 따왔다고 해요. 1896년에 플로리다주의 아나스타샤 해변에서 전체 길이가 30m에 달하는 기묘한 고깃덩어리가 발견되었어요. 이것을 예일대학의 에디슨 베릴 박사가 조사했는데 추정 몸무게가 약 20톤인 거대 문어일 거란 감정 결과가 나왔어요. 박사는 이 생물에게 '옥토퍼스 기간테우스(거대 문어)'라는 학명을 붙였어요. 이것은 루스카의 사체가 바하마 제도에서 해류를 타고 흘러온 것으로 보고 있어요. 하지만 살아 있는 루스카가 잡힌 적은 아직까지 한 번도 없었어요.

UMA 데이터

레벨	★★★	특징	긴 촉수로 배를 덮침
몸길이	20~60m	장소	바다
		국가·지역	바하마
모습	초거대 문어	가설	문어의 돌연변이

3장

UMA 사건 수첩

바다 위로 입을 벌린 블루홀. 주변보다 짙은 청색으로 매우 신비하지요. 이 속에 루스카가 살고 있다고 해요.

나미타로

5m나 되는 수수께끼의 거대 괴물 물고기

니가타현, 이토이가와시의 다카나미 연못에는 1950년대부터 80년대까지 나미타로라 불리는 초거대 물고기가 계속해서 목격되었어요.
몸길이가 4~5m인데, 그중에 약 1m가 꼬리지느러미라고 해요. 보통 잉어의 크기가 평균 60cm이므로 얼마나 거대한지 알 수 있을 거예요. 모습은 잉어의 일종인 초어를 닮았어요. 성격이 온순하고 인간을 공격했다는 정보는 없어요. 연못에 사는 작은 물고기와 곤충을 잡아먹는 것으로 추정된답니다.
다카나미 연못은 하쿠바산 기슭에 있는데, 연못 관리인이 여러 차례 나미타로를 목격했어요. 그리고 1987년에는 등산객들의 목격이 이어졌어요. 1989년에는 시내 주민이 카메라로 찍는 것에 성공했는데 그때 나미타로의 길이가 3.5m였다고 해요. 정체와 관련해서는 거대해진 잉어나 곤들매기일 것이라는 설에 힘이 실리지만, 아직 밝혀지지 않은 부분이 많아 수수께끼로 남아 있어요.

UMA 데이터

레어도	★★★
몸길이	4~5m
장소	연못
모습	잉어의 일종인 초어와 유사
특징	성격이 온순하고 인간을 공격하지 않음
국가·지역	일본
가설	거대해진 잉어

UMA 사건 수첩
나미타로

File 1 연못의 수위가 내려가면서 목격자 증가

나미타로의 존재가 알려지기 시작한 것은 1960년대로. 다카나미의 연못 관리인이 거대한 물고기를 목격했어요. 1987년에는 많은 낚시꾼과 관광객이 길이 2~3m의 거대 물고기를 목격해 작은 소란이 일기도 했답니다. 관리인에 따르면 그 해는 비가 많이 오지 않아 연못 수위가 내려갔고, 그 탓에 목격자가 늘었다고 해요. 또한 마을 부흥책의 일환으로 열린 '거대어 페스티벌'에서는 연못을 헤엄치는 거대한 등지느러미가 실제로 카메라에 찍혔고, 이것이 나미타로일 것이라고 전해지고 있어요.

나미타로로 보이는 사진. 큰 형태의 생물이 찍혔어요.

File 2 존재를 확인하는 열쇠는 연못의 특징?

거대한 나미타로가 사람의 눈에 띄지도 않고, 도대체 어디에 숨어 있을까요? 사실 다카나미 연못은 바닥이 이중으로 되어 있다는 설이 있어요. 연못의 깊이는 평균 16m 정도로 추정되지만, 그 밑에는 40m 깊이가 더 있다고 해요. 만일 나미타로가 그 깊이에서 서식하고 있다면 거대어라고 해도 발견하기가 어려울 거예요.

나미타로의 서식지로 알려진 다카나미 연못.

File 3 신빙성이 높은 거대 잉어설!

정체와 관련된 거대 잉어설에 대해서는 물고기가 그 정도로 커지는 것이 가능하겠냐는 지적이 있어요. 하지만 일본에서는 1950년 즈음에 2m나 되는 잉어가 잡힌 적이 있어서, 오래 살았을 경우 잉어가 더 거대해질 가능성은 충분히 있을 수 있어요.

이 밖에도 일본에는 거대어의 목격담이 있어요. 그중에서도 야마가타현의 타키타로가 유명한데, 연어과의 물고기가 거대해진 것으로 추정하고 있어요. 따라서 거대 잉어설은 설득력이 있으며, 앞으로의 진상 규명이 기대됩니다.

인카냠바

무리를 지어 생활하는 거대 장어

남아프리카 공화국의 호윅폭포에 서식한다고 알려진 UMA예요. 현지에 사는 줄루족은 이 생물을 인카냠바라고 불러요.
모습은 거대한 장어나 뱀과 유사하고, 무리를 지어 살면서 동물 혹은 인간의 고기를 먹으며 생활해요.

폭포 부근에서 속이 이중으로 되어 있는 신기한 알이 발견되었는데, 인카냠바가 낳았을 것이라며 화제가 되기도 했어요. 인카냠바는 여름 시기에만 이동하는 것으로 보여요. 실제로 폭포에서 70km 떨어진 무코마지강에서 동일한 거대 생물이 목격된 적이 있어요.

UMA 사건 수첩

서식지로 추정되는 호윅폭포. 여기서 일부 손상된 인간의 사체가 발견되었다고 해요. 인카냠바의 짓이었을까요?

과거 신문사가 현상금을 걸고 인카냠바의 사진을 모집했었는데, 도착한 2장의 사진은 모두 위조된 것이었어요. 정체와 관련해서는 거대해진 뱀이나 장어일 것이라는 설이 있어요.

UMA 데이터

- **레어도**: ★★★
- **몸길이**: 20m
- **장소**: 폭포, 강
- **모습**: 거대 장어, 뱀과 유사함
- **특징**: 무리를 지어 살며, 동물의 고기를 먹음
- **국가·지역**: 남아프리카 공화국
- **가설**: 거대해진 뱀이나 장어

UMA 사건 수첩

1937년에 발견된 캐디로 추정되는 사체. 하지만 박물관으로 수송되는 도중에 행방불명되었어요.

빠르게 헤엄치는 겁쟁이 거대 바다 괴물

캐디는 캐나다 밴쿠버 주변에서 이따금 목격되는 거대 바다 괴물이에요. 얼굴은 말이나 사슴을 닮았고 머리에는 2개의 뿔과 귀가 있어요. 몸은 가늘고 길며 몸길이가 약 12~18m나 된답니다. 등에는 여러 개의 돌기가 있고 끝이 지느러미처럼 생긴 꼬리가 있어요. 겁이 많은 성격에, 도망치는 속도가 무척 빨라요.

1932~1933년에 걸쳐 캐디가 목격되기 시작했어요. 특히 밴쿠버 남단의 캐드보로에서 목격 정보가 많아 현지의 신문이 '캐드보로사우루스'라고 이름 지었고, 이를 줄여서 캐디라고 부르게 되었어요.

1944년에는 밴쿠버 앞바다에서 2개의 혹을 가진 괴물이 목격되었고, 1968년에는 포경선이 캐디의 새끼를 산 채로 포획했어요. 그 생물의 몸길이는 40cm 정도였는데 선원이 바다로 돌려보내 주었다고 해요.

세계에서 가장 유명한 네스 호수의 괴물

네시

네시는 스코틀랜드의 고지대에 있는 네스 호수에 사는 생물로, 세계적으로 유명한 UMA예요. 영국에서는 네시라 부르는 사람이 많은데, 유럽에서는 보통 '네스 호의 괴물'이라 불러요.

크기는 7~20m로, 목격 정보에 따라 다양하답니다. 긴 목에 큰 지느러미, 머리에는 갈기와 같은 돌기가 있고 피부는 회색이에요.

보통은 물속에서 지내지만 이따금 수면 위로 올라와 머리를 내밀어요. 때문에 목격 정보나 사진을 보면 물 위로 머리와 등이 나와 있는 상태에서 이동하는 경우가 많아요. 간혹 육지에 오른 모습을 보았다는 증언도 있어요.

네시의 정체와 관련해서는 다양한 주장이 있지만, 공룡 시대의 수장룡 플레시오사우루스의 후손일 거란 설이 가장 유력해요. 긴 세월에 걸쳐 고대 파충류가 현재의 모습으로 진화한 것일 수 있어요.

3장

UMA 데이터

레어도	★★★	특징	물속에서 생활하지만 이따금 수면 위로 머리를 내밈
몸길이	7~20m		
장소	호수	국가·지역	스코틀랜드
모습	목이 길고, 몸에 지느러미가 있음. 피부는 회색	가설	수장룡의 후손

네시

File 1 장난감 잠수함을 띄운 가짜 네시 사건

네시의 목격 정보가 늘어난 것은 1930년대예요. 그즈음 네스 호수 주변에 도로가 나고 사람의 왕래가 늘어난 것이 그 이유로 보여요. 1934년에는 런던의 외과 의사가 네시를 카메라로 찍어 세상에 공개했는데, 그것은 장난감 잠수함을 물에 띄워 찍은 사진임이 밝혀졌어요. 이런 가짜 사건도 계속되었지만, 신빙성이 높은 사진도 나타났기 때문에 네시의 존재를 믿는 소리는 수그러들지 않고 지금까지 계속 이어지고 있어요.

수없이 촬영된 네시의 사진 중에 가장 유명한 한 장.

File 2 거대한 상어설

네시의 정체는 철갑상어, 특히 미국에 서식하는 주격철갑상어나 중국의 칼철갑상어 등이 거대해진 것이란 설이 있어요. 철갑상어는 클 경우 3m나 되며 네스강 하구에서도 목격된 적이 있어요. 때문에 철갑상어설을 지지하는 사람들이 많아요.
1987년, 네스 호수에서 대규모 음파를 이용한 소나(Sonar) 조사가 이루어졌지만 네시와 같은 대형 생물은 발견되지 않았어요.

철갑상어의 사진. 가장 큰 것은 2~3m 정도 크기라고 해요.

File 3 네시의 존재를 나타내는 증거 발견?

네시의 출현에 대한 가장 오래된 기록은 690년 즈음에 아담난이 쓴 전기예요. 이에 따르면 아일랜드의 수도승 성 콜럼바가 네스강에서 괴물을 만나 퇴치했다고 해요. 단, 네스강은 네스 호수와 직접 이어져 있지 않아 네시와의 관계는 확실하지 않아요. 2005년에는 호숫가에서 사슴의 사체와 함께 약 10cm의 엄니가 발견되었어요. 일부에서는 네시의 엄니로 추정했지만 진상은 조사 중에 있답니다.

UMA였던 생물

UMA로 화제가 되었던 동물들

UMA란 미확인 생물을 의미하는 단어로, 영어 같지만 사실 일본에서 생긴 말이에요. 발견과 조사가 이루어지지 않은 생물이 목격되면 UMA라 할 수 있는 것이지요. 예컨대, 판다나 고릴라, 오랑우탄은 지금은 동물원에서 가까이 볼 수 있지만, 정식으로 발견, 조사되기 전까지는 UMA로 여겨지고 있었어요. 고릴라 중에서도 마운틴고릴라가 아프리카에서 정식적으로 발견된 것은 1903년의 일이에요. 불과 100년 전의 일로, 그때까지는 '사람과 비슷한, 거대하고 원숭이 모습을 한 난폭한 생물이 숲속에 있다'라고 아프리카 원주민들 사이에서 소문이 돌아 두려움의 대상이었답니다.

또, 고우로우(➡P30)와 특징이 매우 유사한 코모도왕도마뱀은 1911년에 처음으로 목격되어 코모도드래곤이란 별명으로 불렸어요. 코모도섬에 불시착한 비행기의 승무원들이 발견했는데, 그 크기를 보고 '공룡이 살아 있다!'라는 소문이 퍼져 전 세계적으로 화제가 되었어요.

다음 해에는 정식으로 조사가 이루어져, 결국 도마뱀의 일종이라고 발표되면서 소동은 가라앉았지요.
조사가 진행되고 수수께끼에 싸여 있던 생태가 밝혀지면, 그때까지의 소문은 사라지고 친근한 생물이 된답니다. 판다처럼 사랑스럽게 느껴지는 생물도 있어요. 무서운 목격 정보의 UMA들도 정확하게 조사할 수 있다면, 다른 동물들과 거의 다를 바 없는 생물임이 밝혀질 수 있을 거예요.

행동이나 표정이 인간을 닮은 마운틴고릴라. 처음 본 사람은 많이 놀랄 수 있어요.

UMA로 팔린 동물

바다에 서식하는 일각돌고래는 그 모습으로 인해 '바다의 유니콘'이라 불리던 시대가 있었어요. 육지로 밀려온 뼈를 미확인 생물의 뿔이라며 질병에 효과가 있는 약으로 속여 고가에 판매한 적도 있어요. 사실 이 뿔은 이빨이 발달한 것으로, 일각돌고래는 이것을 수면 위로 내밀어 기압과 온도의 변화를 감지할 수 있다고 해요. 뿔이 하나가 아닌 두 개인 개체도 발견되었는데, 이것을 다른 UMA로 오인할 수도 있어요.

2개의 뿔을 가진 일각돌고래의 일러스트.

지금도 계속되는 발견과 조사

조사가 진행될 때까지 UMA로 생각했던 생물은 이 밖에도 더 많아요. 특히 오스트레일리아의 물가에 사는 오리너구리 역시 조사가 이루어질 때까지는 UMA로 여겨졌어요. 그리고 정체가 밝혀진 현재에도, 포유류이면서 알을 낳는 점, 독을 지니고 있는 점 등 수수께끼가 많은 생물이기도 해요. 현재도 신종 생물이 계속해서 발견되고 있고 생태 조사가 진행되고 있어요. 언젠가 모든 UMA의 정체가 밝혀져 동물원과 수족관에서 그 모습을 볼 수 있는 날이 올지도 모르겠네요.

새의 입과 동물의 몸을 가진 오리너구리는 외모도 매우 기묘해요.

오고포고

온순한 성격의 캐나다 네시

캐나다의 호수에서 목격된 생물이에요. 몸길이는 약 5~15m 정도이고, 얼굴은 염소, 몸은 뱀, 꼬리지느러미는 고래를 닮은 키메라형이에요. 몸은 회색으로, 밝은 갈색의 반점이 있어요. 성격이 매우 온순해서 사람에게 위험이나 해를 끼치지 않아요. 오고포고는 원주민 사이에서 '호수의 뱀'이라 불렸어요. 1872년의 목격 사례가 가장 오랜된 기록이랍니다. 그 뒤에도 여러 목격 정보가 보고되었어요. 1974년에는 한 사람이 수영을 하고 있는데 다리에 오고포고가 닿았다는 목격담도 있어요.

3장

UMA 사건 수첩

오카나간 호수에서 헤엄치는 오고포고. 여러 개의 혹처럼 몸이 수면 위로 나온 모습이 많은 사람에게 목격되었어요.

그 정체와 관련해서는 고대 고래인 제우글로돈의 후손이란 설이 있는가 하면, 머리가 말의 형상이라 하여 캐디(➡P160)와 동일한 생물일 것이란 사람도 있지만 아직까지 밝혀지지 않고 있어요.

UMA 데이터

레어도	★★★
몸길이	5~15m
장소	호수
모습	얼굴은 염소, 몸은 뱀, 꼬리지느러미는 고래를 닮음
특징	온순한 성격으로, 인간에게 해를 끼치지 않음
국가·지역	캐나다
가설	고대 고래의 후손

굿시

굿샤로 호수에 서식하는 일본의 네시

1973년, 홋카이도 기타미중학교의 학생 40명이 굿샤로 호수의 수면을 헤엄치는 미확인 생물을 목격했어요. 그 생물의 모습은 네시(➡P162)처럼 목이 매우 길고, 등에 낙타처럼 큰 혹 두 개가 있었다고 해요. 이 생물은 네시을 닮아 '굿시'라고 불리게 되었지만, 나중에 몸의 형태가 시서펜트(➡P134)에 가깝다고 밝혀졌어요. 그 뒤에도 현지에서는 굿시로 보이는 생물이 꼬리로 수면을 때려 물결을 일으키는 모습이 목격되었답니다. 이 밖에도 두 개의 혹이 모터보트와 같은 속도로 이동했다는 것을 보면 꽤 힘이 세고 빠른 것을 알 수 있어요. 1997년에는 소방대원을 포함한 4명이 가와유 모래사장에서 수면에 물보라를 일으키며 헤엄치는 괴물을 목격했다고 해요. 한 번에 여러 사람이 목격했다는 점에서 상당히 신빙성이 높은 정보이므로 서식하고 있을 가능성이 높아요.

UMA 데이터

레어도	★★
몸길이	10~20m
장소	호수
모습	긴 목. 두 개의 혹
특징	모터보트와 같은 속도로 헤엄침
국가·지역	일본
가설	거대어, 큰 뱀

잇시

인간의 사체를 먹는 수생 생물

가늘고 긴 암갈색 몸은 조금 둥그스름해요. 등에는 혹이 있고 입이 크며, 바다에 빠진 인간의 사체를 먹는다고 해요.
1978년에 처음으로 목격되었어요. 두 소년과 어른 스무 명이 호수에 떠 있는 검은 혹을 발견했어요. 그것은 300m 떨어진 곳에서 잠시 헤엄치더니 물속으로 모습을 감추었다고 해요. 그 뒤 1991년~1992년에 걸쳐 목격이 집중되었어요.

UMA 데이터

- **레어도**: ★★☆
- **몸길이**: 15~20m
- **장소**: 호수
- **모습**: 가늘고 길며 등에 혹이 있음
- **특징**: 공격은 하지 않지만, 인간의 사체를 먹음
- **국가·지역**: 일본
- **가설**: 무태장어

카바곤

단 한 번 목격된 하마를 닮은 UMA

뉴질랜드 남쪽 섬에서 단 한 번 목격되었어요. 1971년 일본의 원양 어업 선박의 선원 26명이 30m 앞 해수면에 머리만 내밀고 있는 괴물을 발견했어요. 머리 크기는 약 1.5m로 하마를 닮았다고 해요. 양쪽 눈은 붉고 동그라며 코가 눌려 있었다고 해요. 선박을 공격하지 않은 것으로 보아 성격이 온순해 보여요. 선장이 그 모습을 스케치하여 세상에 알려지게 되었지만, 그 뒤에는 목격한 사람이 없어요.

UMA 데이터

- **레어도** ★★★
- **몸길이** 1.5m(얼굴)
- **장소** 바다
- **모습** 하마를 꼭 닮았으며 동그란 눈을 가졌음
- **특징** 성격이 온순할 가능성이 높음
- **국가·지역** 뉴질랜드
- **가설** 불명

큰 혹을 가진 아이슬란드 UMA

스크림슬

아이슬란드의 라가르플리오트 호수에서 목격된 UMA예요. 거대한 바다표범과 같은 모습을 하고 있으며 등에 울퉁불퉁한 큰 혹이 있어요. 혹은 모두 3개인데 이 때문에 몸이 마치 표주박처럼 보여요. 아이슬란드 전설에 나오는 괴물 '라가르플리오트 웜'과 생김새가 꼭 닮았다고 해요.
몸길이는 14m 정도. 5m나 되는 긴 꼬리로 먹잇감을 공격해요.
정체는, 호수면을 유유히 헤엄치거나, 땅 위로 오르는 것을 보아 바다사자나 바다표범에 가까운 생물일 것으로 추정하고 있어요. 가장 오래된 정보는 1345년이고, 1749~1750년에 걸쳐 자주 목격되었어요. 1860년에는 목격자가 스케치를 했기 때문에 이 괴물의 자세한 모습이 밝혀졌지만, 실제로 존재할지는 지금도 확실하지 않아요.

UMA 데이터

레어도	★★★	특징	긴 꼬리로 상대를 공격
몸길이	14m	장소	호수	국가·지역	아이슬란드
모습	표주박 모양의 몸	가설	바다사자, 바다표범의 돌연변이

UMA 사건 수첩

몸길이가 14m나 되는 스크림슬은 사진 속 바다표범에 가까운 모습을 하고 있지만, 크기는 약 7배나 커요.

크라켄

배를 덮쳐 바다로 끌고 들어가는 전설의 바다 괴물

노르웨이나 스웨덴 등 유럽 각지의 바다에서 목격되는 거대 생물이에요. 모습은 마치 오징어나 문어처럼 생겼고, 긴 촉수로 인간을 공격해요.

놀라운 점은 그 크기에 있어요. 일설에 따르면 몸길이가 2.5km나 되며, 섬으로 착각해 상륙한 사람이 바다로 함께 휩쓸려 들어갔다는 이야기가 전해질 정도예요. 성격이 매우 사납고 폭력적이에요. 배를 전복시켜 타고 있던 사람 모두를 먹어 치우는 무시무시한 생물이에요. 유럽의 앞바다에서는 유령선이 표류한다는 소문이 있는데, 이것은 크라켄에게 공격을 받아 선원들을 잃은 배라는 이야기가 있어요.

이 괴물의 맨 처음 기록은 지금으로부터 약 1,000년 전이에요. 노르웨이의 왕, 스벤 1세가 책 속에서 크라켄이란 단어를 처음으로 사용했다고 해요.

UMA 데이터

레어도 ★★★	**특징** 긴 촉수로 배를 덮쳐 인간을 잡아먹음
몸길이 2.5km	
장소 바다	**국가·지역** 유럽 각지
모습 섬으로 착각할 만큼 거대한 문어 혹은 오징어	**가설** 대왕오징어 등

UMA 사건 수첩

크라켄

File 1 — 바다 위 물보라는 불길한 징조

거대한 오징어가 배의 돛대를 휘감고 있는 모습을 그린 오래된 서양화가 있는데, 크라켄의 전체 모습을 그린 그림으로 추정되고 있어요.
예로부터 선원들에게 크라켄은 공포의 괴물이었어요. 특히 파도가 일지 않는데 바다 위에 물보라가 일면 주의해야 한다고 했지요. 그것은 크라켄이 나타날 전조로, 모습을 나타내면 결국 한 사람도 살아 돌아올 수 없었다고 해요.

배를 바닷속으로 끌고 들어가는 크라켄의 그림.

File 2. 거대한 대왕오징어가 UMA의 정체?

크라켄의 정체는 지금도 밝혀지지 않았지만, 북유럽이나 캐나다 해안에 대왕오징어의 사체가 자주 떠밀려 오는 것으로 보아 그와 동일할 것으로 생각하는 사람이 많아요.
하지만, 대왕오징어는 그렇게 사납지 않고 섬 크기만큼 성장한 개체도 확인되지 않는 등 크라켄과는 다른 점이 많아요.
그리고 바다에 서식하는 UMA의 많은 가설 중에, 큰바다뱀이 헤엄치는 모습을 크라켄의 촉수로 착각했다는 설이 있어요.

2015년 일본의 도야마 만에서 발견된 거대한 대왕오징어.

File 3. 바다를 검게 물들이는 크라켄

크라켄을 섬으로 착각해 착륙했다는 이야기는 15세기 아일랜드의 성인 브렌단(Saint Brendan)의 전설에 등장해요. 크라켄에 상륙한 브렌단이 축복의 미사를 올렸는데 괴물은 끝날 때까지 움직이지 않았다고 해요.

한편 18세기에 덴마크에서 팔린 책에는 크라켄이 먹물을 뿜어 바다가 새까맣게 변했다고 기록되어 있어요. 오래전부터 그 존재를 두려워해 왔지만 정체는 지금도 조사 중에 있답니다.

중국 해안으로 흘러들어 온 수수께끼의 UMA

2005년 태풍이 중국의 저장성을 휩쓸고 간 뒤에 방파제에 거대 생물의 사체가 떠올랐는데, 이것이 닝보라 불리는 미확인 생물이에요.
발견 당시에는 부패가 꽤 많이 진행되어 몸의 일부가 없었을 정도예요. 때문에 정확하게 단정할 수는 없었지만 그 뒤 조사가 이루어져 몇 가지 특징을 밝혀냈어요.
조사 결과에 따르면 크기가 약 12m, 무게가 2톤 전후로, 모습은 악어와 비슷했어요. 배에는 오렌지색 줄무늬가 있고 등에는 털이 나 있다고 해요. 꼬리에 해당되는 부분은 거의 없는 상태였어요.
당시 코끼리물범이나 바다코끼리일 가능성도 제시되었지만 이들 생물로 보기에는 크기가 너무 컸어요.
상어나 고래와 같이 바다에 사는 동물일 가능성도 검토되었지만, 목격 정보가 없어 아직까지 정체는 밝혀지지 않고 있어요.

UMA 사건 수첩

닝보의 사체가 떠밀려 온 닝보시의 바다. 지극히 보통 바다인데 어째서 이곳까지 오게 된 것일까요?

닝보

3장

UMA 데이터

레어도 ★★★	특징 물속에서 생활하는 것으로 추정
몸길이 12m	국가·지역 중국
장소 바다	가설 상어, 고래
모습 등에 털이 나고 배에는 줄무늬가 있음	

UMA 데이터

- **레어도** ★★★
- **몸길이** 2~4m
- **장소** 호수
- **모습** 상반신은 말, 하반신은 물고기
- **특징** 인간을 덮쳐 호수로 끌고 들어감
- **국가·지역** 아일랜드
- **가설** 무태장어

페이스테

아일랜드 호수에 사는 포악한 UMA

아일랜드의 코네마라 지방에는 호수와 늪이 매우 많은데, 페이스테가 그곳에 서식하는 것으로 추정된답니다. 상반신은 말, 하반신은 물고기인 기묘한 외모를 지녔어요. 목에는 갈기가 있고, 무태장어와 닮은 점이 많은 거대한 괴물이라고 해요. 때문에 '말 장어'라고 부르기도 해요. 성격이 매우 포악하고 인간을 덮쳐 호수로 끌고 들어가기 때문에 현지에서는 두려움의 대상이에요.

19세기 후반에는 크롤러 호수나 발리나인치 호수 등에서 수로에 갇혀 죽거나 다리 밑에 걸려 있는 페이스테의 모습이 목격되었어요. 또한 1954년에는 이 지방의 호수에서 입이 크고 몸을 구불거리며 이동하는 수수께끼의 생물이 목격되었어요.
1948년과 1968년에는 호수에서 뿔 달린 생물을 보았다는 목격담이 있었어요. 하지만 사실인지는 밝혀지지 않았어요.

하일 호수의

러시아 호수 속에 살고 있는 거대한 초식 괴물

러시아 동부 야쿠트 지방에는 괴수와 관련된 전설의 호수가 많답니다. 가장 유명한 것이 바로 하일 호수로, 그 속에 괴수가 살고 있다고 해요.
1964년, 모스크바대학의 지질 조사팀이 이 호수를 방문했다가 커다란 괴수와 마주쳤어요.

목격자의 스케치에 따르면 온몸이 새까맣고 광택이 나며 목이 길다고 해요. 그리고 얼굴이 작고 등에는 지느러미가 있었다고 해요.
전체 길이는 15m로 매우 크며, 긴 꼬리로 수면을 내리치는 것이 특징이에요. 호수에는 먹을 만한 동물이 없다는 점에서

괴수

초식으로 분석하고 있어요.
이 지역에는 원래 괴물 '슈카비크'의
전설이 내려오고 있었어요. 이 괴물은
배를 덮쳐 통째로 삼켜 버리기 때문에
사람들이 두려워했는데, 하일 호수의
괴수와 무언가 연관성이 있을지도
모르겠어요.

UMA 데이터

레어도	★★★
몸길이	15m
장소	호수
모습	머리가 작고, 목이 길며 등지느머리가 있음
특징	긴 꼬리로 수면을 내리침. 초식성
국가·지역	러시아
가설	공룡의 후손

UMA 사건 수첩
하일 호수의 괴수

File 1 혹한의 땅에 사는 UMA

하일 호수가 있는 러시아 동부의 야쿠트 지방은 남극을 제외한 지역 중에 가장 낮은 기온인 영하 71.2도를 기록한 혹한의 땅이에요.
또한 하일 호수 이외에도 많은 호수가 있는데, 각각에 괴수가 살고 있다고 할 만큼 예로부터 현지인들의 입에서 입으로 UMA의 존재가 전해지고 있는 지역이기도 하답니다.
그 대표적인 UMA가 하일 호수의 괴수로, 서식 가능성이 높은 UMA예요.

야쿠트 지방은 얼음으로 덮여 있어요.

File 2 몸길이가 30m를 넘는 거대한 몸집

하일 호수의 괴수는 아파토사우루스나 브라키오사우루스 등의 용반류 공룡과 모습이 매우 비슷해요. 용반류란 공룡 분류의 하나로, 목이 길고 몸이 큰 초식 공룡을 가리켜요.

용반류 공룡은 큰 몸을 지탱하기 위해 주로 물속에서 살았을 것으로 생각했지만, 그 뒤의 연구에서 육지에서 활동하는 생물임이 밝혀졌어요. 하일 호수의 괴수는 물과 땅 양쪽에서 목격되므로 역시 용반류의 후손설이 유력하다고 볼 수 있어요.

브라키오사우루스는 하일 호수의 괴수와 매우 닮았어요.

File 3 보도도 되었지만 찾아내는 것은 곤란?

학자를 포함한 지질 조사대가 목격했다는 점에서 UMA 존재의 신빙성이 높아 러시아에서는 신문에 실리기도 했어요. 하지만 그 뒤는 목격 정보도 없고 조사, 연구도 진행되지 않았어요.

원래 러시아는 크고 넓은 국토를 가지고 있지만 약 40%가 얼음 땅으로, 평소에는 사람이 출입하지 않아요. 때문에 UMA를 찾는 일은 매우 어렵다고 해요.

멤프레

다리가 10개나 있는 용을 닮은 공포의 생물

미국과 캐나다의 국경에 걸쳐 있는 멤프리메이고그 호수에 사는 생물이에요. 세계에서 목격 횟수가 가장 많은 UMA로도 유명하지요.
이 생물은 가늘고 긴 몸에 용의 얼굴을 하고 다리가 10개 이상인, 기묘하면서도 실로 무서운 모습을 하고 있어요. 자세한 것은 밝혀지지 않았지만, 보통은 물고기를 먹는다고 해요. 목격 정보는 1800년대부터 있었으며, 그 기괴한 외모 때문에 현지인들에게 멤프레는 두려움의 대상이에요. 따라서 호수에는 들어가지 말라는 경고가 붙어 있다고 해요.
최근에 와서 다시 목격 정보가 늘고 있어요. 1997년에는 비디오에 찍혀 실존할 가능성이 급상승했지만 아직까지 정체와 관련해 알려진 것이 없어요.

UMA 데이터

레어도	★★★
몸길이	6~15m
장소	호수
모습	용의 머리와 가늘고 긴 몸. 10개 이상의 다리
특징	물고기를 좋아함
국가·지역	미국
가설	불명

남극 고질라

남극에 사는 소 얼굴의 미확인 생물

1958년에 일본의 남극 관측선 소야가 남극 바다에서 마주친 생물이에요. 소의 얼굴을 한 이 괴물은 머리 크기가 약 80cm나 되었어요. 눈동자가 크고 빛나며 등에는 혹 모양의 지느러미가 있어요. 온몸이 흑갈색 털로 덮여 있는 이 괴물은 배를 공격하지 않고 바로 사라졌다고 해요. 그 정체가 2,000만 년 전에 멸종된 포유류, 몸길이가 3m나 되는 데스모스틸루스의 후손이란 주장이 있어요.

UMA 데이터

- **레어도**: ★★★
- **몸길이**: 3m
- **장소**: 바다
- **모습**: 흑갈색 털이 나 있고 소의 얼굴을 하고 있음
- **특징**: 배를 향해 다가오거나 공격하지 않음
- **국가·지역**: 남극
- **가설**: 데스모스틸루스

뉴네시

일본인이 발견한 정체불명의 거대 해양 괴수

1977년 뉴질랜드 부근의 바다에서 일본의 원양 어업 선박, 즈이요마루가 정체불명의 사체를 끌어올렸어요. 그물에는 물고기와는 다른, 부패해서 매우 역한 악취를 풍기는 거대한 생물이 걸려 있었답니다. 모습이 네시(➡P162)와 비슷하다고 해서 뉴네시라고 이름 붙였어요. 몸길이 10m에 몸무게는 1.8톤이나 되었어요. 무수히 많은 수염과 지느러미 모양의 돌기가 있었다고 해요. 당시 영양 관리사를 했던 사람이 수염 성분을 분석했는데 돌묵상어의 한 종류일 가능성이 제기되었어요.

UMA 데이터

- **레어도** ★★★
- **몸길이** 10m
- **장소** 바다
- **모습** 무수히 많은 수염과 지느러미 모양의 돌기가 있음
- **특징** 부패된 사체에서 물고기와는 다른 악취가 남
- **국가·지역** 뉴질랜드 앞바다
- **가설** 신종 돌묵상어

1976년에 촬영된 모르가우어의 사진. 큰 혹이 드러난 이 사진을 다른 사진 전문가가 확인했는데, 진짜일 가능성이 높다고 판단했어요.

큰 혹을 가진 영국의 수생 괴수

영국 콘월 지방의 팰머스 만에는 모르가우어란 이름의 생물이 목격되고 있어요.
팰머스 만에 서식하는 이 생물은 등에 2개의 큰 혹이 있고 굵고 긴 목에는 갈기가 있어요. 머리는 작지만 몸길이가 4~18m로, 거대 생물이랍니다. 큰 경우, 등의 혹 크기가 1.5m나 된다고 해요. 성격은 온순하지만 가까이 다가가면 공격을 한다고 해요. 맨 처음 모르가우어를 발견한 때는 1975년이에요. 붕장어를 물고 헤엄치는 모습을 여러 명이 목격했어요. 그 뒤 18m의 거대한 그림자나 모습이 계속해서 목격되었어요. 1976년에는 처음으로 카메라에 담는 데 성공하여 세상에 공표되었어요. 수장룡의 후손이란 설이 힘을 얻고 있지만, 이 해역에서는 시 서펜트(➡P134)의 목격 정보도 많아 동일 생물이 아닐까 하는 의견도 있어요.

모르가우어

UMA 데이터

레어도	★★	특징	성격은 온순하지만 가까이 다가가면 공격함
몸길이	4~18m	장소	바다
모습	목이 길고 굵으며 등에 큰 혹이 있음	국가·지역	영국
		가설	수장룡의 후손

모켈레 음벰베

3장

긴 목과 꼬리를 가진 사나운 콩고의 UMA

콩고의 열대 우림에 서식하는 생물이에요. 긴 목과 굵은 꼬리가 특징이지요. 몸길이는 8~15m인데, 성격이 사나워 꼬리를 내리치며 공격해요.
1776년, 프랑스 성직자가 현지에서 세 발톱의 발자국을 발견한 데 이어 모습까지 목격했어요.
이때 모켈레 음벰베는 풀을 먹고 있었어요. 원래 식물을 먹고 살아가는데 특히 복숭아와 비슷한 말롬보 열매를 좋아한다고 해요.
1980년대에는 생물학자 로이 맥칼이 현지에서 조사를 했어요. 그는 원주민을 취재하다가 한 소문을 들었어요. 그에 따르면, 마을 사람들이 모켈레 음벰베를 죽이고 고기를 먹었는데, 그것을 먹은 사람들 대부분이 목숨을 잃었다고 해요. 현지 사람들은 고기에 들어 있는 독이나 저주 때문이라고 믿고 있었다고 해요.

UMA 데이터

레어도	★★
몸길이	8~15m
장소	호수
모습	긴 목과 꼬리
특징	꼬리를 내리쳐서 공격함
국가·지역	콩고
가설	공룡의 후손

모켈레 음벰베

UMA 사건 수첩

File 1 멸종한 용반류 공룡의 후손

모켈레 음벰베는 용반류 공룡형 UMA예요. 그중에서도 아파토사우루스(별명 : 브론토사우루스)의 후손이란 설이 강력해요. 북미 대륙에서 서식한 것으로 추정되며, 물가에서 풀을 뜯어먹으며 생활한 것으로 보여요. 목격된 콩고와는 떨어져 있지만, 과거에 지구는 하나의 큰 대륙이었기 때문에 그때 이동했던 아파토사우루스가 정착했을 가능성도 생각할 수 있어요.

용각류 아파토사우루스의 일러스트.

3장

File 2 마을 사람들의 죽음으로 금기시되었던 괴물

모켈레 음벰베의 고기를 먹은 마을 사람들이 사망한 사건 이후, 이 괴물의 이야기는 원주민 사이에서는 금기 사항이었다고 해요. 부족 이외의 사람에게 말하면 큰 불행을 불러와 때로는 죽음을 맞았다는 거예요. 하지만 1913년 독일의 탐험대가 현지 주민으로부터 모켈레 음벰베가 초식성이라는 사실과 몸이 가늘고 길다는 정보를 모으는 데 성공했어요. 또한, 현지에서는 모켈레 음벰베가 호수에 서식하는 생물과 심하게 싸우는 모습을 여러 차례 목격했다고 해요.

모켈레 음벰베의 전설을 전해 내려가고 있는 원주민.

File 3 정말로 존재할 가능성은?

모켈레 음벰베가 자주 나타난다는 텔레 호수는 수심이 매우 얕기 때문에 큰 생물이 지내기에 좋은 장소가 아니에요. 단, 이 호수 주변에는 아직까지 개척되지 않은 많은 열대 우림이 분포돼 있고, 강과 호수가 많아 모켈레 음벰베가 실제로 존재할 가능성이 있어요.
실제로 20세기 초에 이 지역에서 신종 소형 코끼리인 둥근귀코끼리가 발견된 사실도 있어요. 앞으로 조사를 기대해 보는 게 좋겠어요.

심해의 생물

바다 밑바닥에 살고 있는 미지의 생물

심해의 약 95%는 아직까지 '미지의 땅'(➡P74)으로, 많은 UMA가 서식하고 있을 것으로 추정된답니다. 광대한 바다 밑바닥에서는 적과 마주칠 확률이 낮고 장애물도 거의 없기 때문에, 지상 생물과는 비교도 안 될 만큼 기괴하고 거대한 모습일지도 몰라요.
최근 사례를 보면 오스트레일리아의 연구소가 생태 조사를 위해 몸길이 3m에 가까운 백상아리에게 추적 장치를 달았는데, 어느 날 해안가로 장치만 떠올랐어요. 그것을 자세히 조사해 보니 백상아리가 갑자기 무언가에 끌려가기라도 한듯 600m나 되는 심해로 내려간 기록이 남아 있었어요. 3m에 가까운 거구를 물속에서 그 깊은 곳까지 잡아 끌 수 있는 생물이라면 얼마나 커야 할까요? 하지만 이에 관한 진상은 밝혀지지 않았답니다.
또한 1997년에는 미국 해양대기청이 적 잠수함의 잠복 장소를 탐지하기 위해 장치를 이용해 관측하던 중 기묘한 소리를 잡아냈어요. 해양에서 나는 다른 소리들과 이 소리를 대조해 보았지만 어느 것과도 일치하지 않았다고 해요. 'Bloop'이라고 이름 붙여진 이 현상은 대체 무엇일까요? 이것 역시 진상은 밝혀지지 않았지만, 아직 본 적 없는 심해 생물의 소리일 가능성이 충분해요. 닝보(➡P180)나 글롭스터(➡P204) 등 사체가 육지로 올라온 UMA가 만일 심해에 살고 있다면, 그런 소리를 낼지도 몰라요.

사납고 몸이 큰 백상아리. 하지만 바닷속에는 더 강하고 큰 생물이 살고 있답니다.

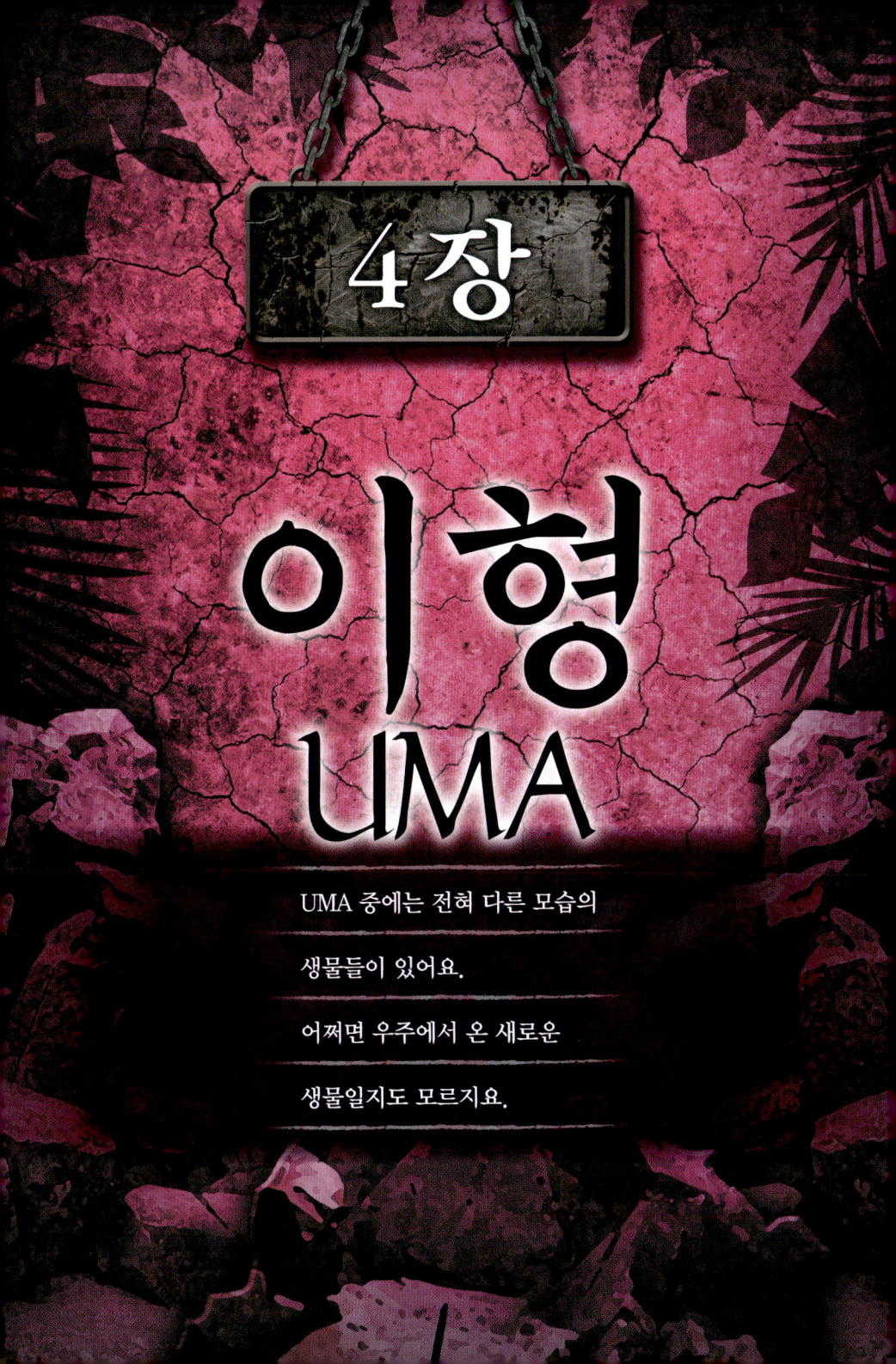

인간의 피를 빨아 먹는 말레이시아의 인간형 UMA

토욜

예로부터 말레이시아에 전해져 오는 인간형 UMA가 토욜이에요. 현지에서는 돈을 훔치거나 장난을 치는 작은 악마로 알려져 있어요. 크기는 대략 15~20cm로, 인간의 갓난아기보다 좀 더 작고 눈이 붉으며 입술은 녹색이에요. 인간의 생피를 빨아 먹고 정신을 조종하는 능력을 지닌 무서운 존재예요.

2005년에는 조호르주 마을에 갑자기 토욜이 나타났어요. 공중을 떠다니며 사람들 눈앞에 나타났다 사라졌다를 반복했다고 해요.

2006년에는 쿠알라룸푸르 근교에서 한 여성이 갑자기 움직임이 부자연스러워지더니 실신하는 사건이 발생했어요. 여성이 의식을 잃은 동안 엄지손가락에서 피가 빠져나갔는데, 이는 토욜의 짓으로 추정된답니다. 그리고 같은 해에는 병에 들어 있는 토욜의 미라가 해안으로 떠밀려 와 주립 박물관에 전시했다가, 관계자에게 연이어 불행이 찾아온 탓에 뒤탈을 염려해 바다로 되돌려 보냈다고 해요.

UMA 데이터

레어도	★★★
몸길이	15~20cm
모습	눈은 빨갛고, 입술은 녹색
장소	마을
특징	인간의 피를 마시고, 정신을 조종함
국가·지역	말레이시아
가설	불명

스카이 피시

공중을 초고속으로 이동하는 수수께끼 벌레형 생물

공중을 고속으로 날아다니는 UMA예요. 그 빠르기가 시속 280km 이상이어서 육안으로는 볼 수 없을 정도라고 해요. 그렇다면 인간이 스카이 피시의 존재를 어떻게 알았을까요? 우연히 찍은 비디오 영상을 느리게 재생하자 반투명한 긴 막대 모양의 생물이 나타났어요. 몸통 양옆에는 한 쌍의 지느러미가 붙어 있었어요. 1994년에 멕시코의 수직 동굴인 제비동굴에서 지느러미를 펄럭이며 공중을 날고 있는 모습이 처음으로 비디오에 담겼어요. 또한 같은 해 UFO가 추락했다고 전해지는 미국의 로즈웰에서

4장

UMA 사건 수첩

스카이 피시가 자주 출몰한다는 멕시코의 제비동굴. 지구에서 가장 깊은 수직 동굴이에요.

촬영한 비디오에도 스카이 피시가 찍혀 있었어요.
일본에서는 2007년에 효고현에서 차창에 부딪친 뒤 날아가는 모습이 우연히 촬영되었어요. 그 정체에 관해서는 고대 생물인 아노말로카리스가 진화한 것이란 주장도 있어요.

UMA 데이터

레어도	★★☆
몸길이	10~30cm
장소	하늘
모습	반투명한 막대 모양. 지느러미가 있음
특징	시속 280km 이상으로 비행
국가·지역	세계 각지
가설	고대 생물의 진화

악취를 풍기는 거대한 고깃덩어리

1960년 오스트레일리아의 태즈메이니아 섬에서 거대한 고깃덩어리가 발견되었어요. 해안가로 떠밀려 온 그 물체는 얼굴도 손발도 없이 썩은 악취를 풍기고 있었어요. 그런데 이상하게도 뼈는 눈에 띄지 않았어요.
이 물체의 이름은 글롭스터라고 하는데, '그로테스크(기괴)한 블롭(말랑말랑) 몬스터'라는 뜻을 담고 있답니다. 오스트레일리아의 연방과학산업연구기구는 머리와 뼈가 없다는 점에서 '미지의 생물'로 판단했어요. 이런 사체는 미국의 매사추세츠주나 캐나다의 뉴펀들랜드 등 세계 각지에서 발견되고 있어요. 일본 아마미오섬에서도 동일한 표착물이 목격되었어요.
이들 보고에 따르면 흰색 혹은 회색을 띠는 글롭스터는 물컹물컹하며 간혹 전체적으로 짧은 털이 나 있기도 한데, 모두 악취만은 공통적으로 언급하고 있어요.

글롭스터

4장

UMA 데이터

레어도	★★
몸길이	2.5~12m
장소	바다
모습	거대한 고깃덩어리
특징	썩은 듯한 악취를 풍김
국가·지역	세계 각지
가설	미지 생물의 일부

UMA 사건 수첩

글롭스터

File 1 거대한 미지 생물의 일부?

태즈메이니아에서는 예전부터 글롭스터와 같은 표류물이 많이 발견되고 있어요. 그중에는 길이가 6m나 되고 발 모양의 지느러미가 수십 개나 달린 기묘한 모습의 글롭스터도 있어요.

이 사체는 하나의 개체가 아니라 무언가의 일부로 보여요. 이 덩어리의 크기는 2.5~12m. 바닷속에서 살아 있을 때의 길이는 매우 클 것으로 추측되고 있어요.

1997년, 태즈메이니아로 떠밀려 온 글롭스터.

File 2. 고래의 일부라는 주장도

조사에 따르면 글롭스터의 몸은 아름다운 피부와 관절 건강에 효과적이라고 알려진 콜라겐 물질로 이루어졌다고 해요. 한편 1896년, 미국 플로리다주의 모래사장에 나타난 글롭스터는 지방 덩어리로, 고래의 사체 일부가 떨어져 나온 것이라고 주장하는 사람들이 많아요. 하지만 고래의 사체라고 하기에는 냄새가 고래와 전혀 다르다는 의견도 있어요. 역시 정체의 해명이 무척 기대되는 생물이랍니다.

육지로 떠밀려 온 고래. 확실히 겉모습은 비슷해요.

File 3. 일본까지 떠밀려 온 글롭스터

2013년, 일본 가고시마현 아마미오섬 연안으로 글롭스터가 떠밀려 왔어요. 길이가 6m 정도인데 강한 악취가 났다고 해요. 목격담에 따르면, 근육 힘줄로 보이는 물체가 뭉쳐 있는 것 같았다고 해요. 이 기괴한 물체의 출현으로 마을은 한바탕 소동이 일어났어요.
전문가 중에는 이 물체가 남극 지역에 나타나는 UMA 남극 닝겐(➡P240)의 사체일 것이라고 주장하는 사람도 있었지만, 진위는 판가름 나지 않았어요.

UMA 사건 수첩

미노카오와 특징이 매우 유사한 지렁이도마뱀은 크기가 매우 작아요. 하지만 미노카오는 지렁이도마뱀이 거대해져 돌연변이가 된 것일 수도 있답니다.

4장 미노카오

브라질 땅속에 사는 초거대 지렁이!

브라질의 고지대에 사는 거대한 지렁이에요. 큰고래를 뛰어넘는 크기로 몸길이가 45m, 몸무게는 25톤이나 된다고 해요. 평소에는 땅속에 숨어 있다가 이따금 땅 위로 나와 초목을 휩쓸며 먹잇감을 찾아요. 성격이 매우 사납고, 가축을 발견하면 휘감아 질식시킨 후 통째로 삼킨다고 해요. 또한 강 등의 물가에도 나타나 동물을 물속으로 끌고 들어간다고 해요.

목격 정보는 적지만, 1847년에는 파파가이오(Papagaio)강에서 너비 2~3m의 거대 생물이 지나간 흔적이 발견되었어요. 현지에서는 이것을 미노카오의 발자국이라고 추정하고 있지만 진짜인지는 확실하지 않아요. 브라질에는 세계 최대 규모의 정글이 있어서 미노카오가 그 속에서 생활한다고 해도 이상할 것은 없어요. 하지만 땅속에서 거의 나오지 않기 때문에 발견하기가 매우 어려울 거예요.

UMA 데이터

레어도	★★★	특징	먹잇감을 휘감아 질식시킴
몸길이	45m	장소	땅속	국가·지역	브라질
모습	거대한 지렁이	가설	지렁이의 돌연변이

몸길이 8m의 거대 자라

콩고의 리쿠알라 지방에 서식하고 있는 UMA예요.
겉보기에는 거북이나 자라를 꼭 빼닮았지만 큰 것은 무려 길이가 8m나 된다고 해요. 등딱지의 지름은 4~5m로, 사람이 여러 명 탈 수 있는 크기예요.
평소에는 늪의 물고기를 잡아먹고 지내며, 성격이 온순해서 인간을 공격하지 않아요.
현지에는 이 생물이 꽤 오래전부터 서식하고 있었다는 여러 기록이 남아 있어요.
동물학자 마르쎄린 아냐냐(Marcellin Agnagna) 박사는 그 정체에 관해 멸종한 자라의 일종인 트리오닉스의 후손일 것이라고 생각했어요. '학은 천 년, 거북은 만 년'이란 말처럼 거북이나 자라는 장수를 한다고 하는데, 이 응덴덱키도 어쩌면 몇 세기를 살아남아 거대해진 것일지도 몰라요.

UMA 사건 수첩

약 7,500만 년 전에 서식했던 아르케론, 세계에서 가장 큰 바다거북으로, 응덴덱키와의 연관성이 지적되고 있어요.

4장 응덴텍키

UMA 데이터

레어도	★★☆	특징	인간을 공격하지 않음
몸길이	5~8m	장소	늪, 강
모습	거북과 유사하며 4~5m나 되는 거대한 등딱지가 있음	국가·지역	콩고
		가설	고대 생물의 후손. 거대해진 거북

플랫우즈의 괴물

UFO와 함께 나타나는 기괴한 UMA?

플랫우즈의 괴물은 1952년 9월 웨스트버지니아주의 플랫우즈에 UFO와 함께 나타난 미확인 생물이에요. 붉게 빛나는 비행 물체가 저녁 무렵에 착륙했어요. 7명의 주민이 그 물체를 쫓아 현장에 모였는데 곧 기괴한 안개와 함께 악취가 그들을 감쌌어요. 냄새가 너무 심해 모두 메스꺼움을 느끼는데 그 속에서 3m나 되는 크기의 생물이 나타났다고 해요. 그 모습은 스페이드 모양의 머리와 붉은 얼굴, 빛나는 눈, 그리고 녹색 옷을 입고 있었다고 해요.

주민은 공황 상태에 빠져 그 자리를 도망쳐 나왔다고 해요. 그 뒤 주민 몇 명인가는 구토와 경련 등 동일한 이상 증상을 호소했어요. 이 이야기는 미국 전역의 신문과 TV 전파를 타고 퍼져 나갔어요. 하지만 이것은 운석이 떨어진 것이고, 미확인 생물은 너구리의 일종이었을 거라는 추측과 함께 소동은 겨우 가라앉았어요. 하지만 플랫우즈 괴물의 수수께끼는 아직까지 밝혀지지 않고 있답니다.

UMA 데이터

레어도	★★★
몸길이	3m
장소	마을
모습	스페이드 모양의 머리, 붉은 얼굴, 빛나는 눈
특징	안개와 악취로 인간을 공격
국가·지역	미국
가설	불명

UMA 사건 수첩
플랫우즈의 괴물

File 1. UMA의 정체는 올빼미였다?

웨스트버지니아주에 수수께끼 생물이 나타났을 때 현장 주변의 주민 대부분이 빛을 내며 하늘을 나는 물체를 목격했어요. 사건 후 초현실적 현상을 조사하는 단체가 현지에서 조사한 결과, 주민이 목격한 빛은 운석이었고 괴물로 생각했던 생물은 올빼미라고 보고했어요. 스페이드 마크는 가면올빼미의 얼굴과 유사하며, 목격자가 흥분과 불안으로 인해 착각을 일으킨 것이라고 결론지었어요.

초현실적 현상 조사단이 UMA의 정체라고 주장한 가면올빼미.

4장

File 2. 사건 전에 UMA와 마주친 주민

로스앤젤레스의 UFO 조사 단체도 현지에서 주민의 탐문 조사를 진행했어요. 그러자 주민 한 사람이 사건 1주일 전에 같은 모습의 생물을 만났다는 사실을 알게 되었어요. 또 한 목격자의 어머니는 현장과는 멀리 떨어진 곳에 있었는데, 물체가 언덕에 내려앉은 시간에 집이 심하게 흔들렸다고 증언했어요.

이 사건은 바로 미국 전체로 퍼져 나가 공황 상황을 불러왔어요. TV와 라디오가 적극적으로 사건을 다루었기 때문에 마을에는 수천 명의 사람들이 방문했다고 해요.

> UFO로 보이는 물체가 내려왔다는 증언이 많았어요.

File 3. 집단 히스테리로 결론 내린 사건

결국 경찰도 이 사건을 집단 히스테리로 단정. 목격자가 무언가 다른 생물을 착각한 것이라고 결론 지었어요.
올빼미의 움직임이나 소리는 목격자가 증언한 괴물의 모습과 매우 유사했어요. 주민들은 UMA가 공중에 떠 있었다고 증언했지만, 그것은 올빼미가 앉아 있던 나무의 잎이 UMA의 하반신으로 보였기 때문이라는 거예요. 하지만 여러 현상을 종합해 생각하면 정말로 단순한 착각이었는지 의문이 남아요……

215

태세

먹으면 불로장생한다는 생명체

중국의 태세는 먹으면 불로장생한다고 전해지는 수수께끼 생명체랍니다. 유명한 진시황도 불로장생을 위해 태세를 찾으라고 명령했다고 해요.
외형은 물컹물컹한 덩어리로 마치 고무 같고, 몸이 잘려도 원래 형태로 되돌아가는 재생 능력을 지니고 있어요.
2005년에 광동성에서는 땅속에서 크기 30cm의 태세가 발견되어 화제가 되었어요.
그리고 최근에는 랴오닝성의 농부가 이 태세를 산속에서 발견했어요. 무게가 70kg으로 매우 거대했는데 농부가 이것을 판매하자 불티나게 팔렸어요. 그 뒤 남은 태세를 찬물에 담가 두었더니 자른 부위가 어느 사이엔가 원래대로 돌아왔다고 해요.
태세는 땅속 박테리아가 증식해 덩어리가 되었다는 설이 있어요. 또 신종 생물이라고 주장하는 전문가도 있지만 확실한 것은 아직 밝혀지지 않았어요.

UMA 데이터

레어도	★★★
몸길이	30cm 이상
장소	땅속
모습	말랑말랑한 덩어리
특징	찬물에 담가 두면 재생함
국가·지역	중국
가설	박테리아의 집합체

UMA 사건 수첩

2012년 중국의 우한시 미술관이 개최한 전시회에 출품된 태세. 중국 3대 전설의 하나로 화제를 모았어요.

4장

나이트 크롤러

감시 카메라에 찍힌 몸통이 없는 흰색의 UMA

캘리포니아주 요세미티 국립공원 부근에서 발견된 에일리언형 UMA예요. 온몸이 새하얗고 몸통 없이 머리와 다리만 있는 매우 이상한 모습을 하고 있어요. 마치 흰색 컴퍼스 같아요. 몸길이는 1m 정도이고 천천히 걸어요. 예전부터 원주민 사이에 전해지는 전설 속 요정, 나이트 크롤러와 꼭 닮았다고 해서 붙여진 이름이에요.

이 생물이 목격된 것은 딱 한 번이었어요. 적외선 감시 카메라에 찍히면서 그 존재가 알려졌지요. 심야에 크고 작은 두 개의 흰 그림자가 천천히 도로를 횡단했다고 해요. 처음에는 누군가 보자기를 뒤집어쓰고 장난치는 것으로 생각했지만 이상하게 긴 다리와 작은 머리 등 도저히 인간이라고는 생각할 수 없는 점 때문에 UMA로 추정하게 되었어요.

UMA 사건 수첩

2011년 3월 28일, 캘리포니아주의 요세미티 국립공원 부근의 민가에 설치해 둔 적외선 카메라에 나이트 크롤러의 모습이 찍혔어요. 그때까지 한 번도 목격된 적이 없었지만 이 기괴한 영상이 인터넷에 공개되고 나서 UMA로 알려지게 되었어요. 그 정체는 현재도 조사 중에 있어요.

베이티르

스코틀랜드에 나타난 거대 애벌레

스코틀랜드에서 목격된 벌레형 UMA예요. 1965년, 퍼스 근교를 드라이브하고 있던 현지 주민이 한 번도 본 적 없는 생물이 도로에 길게 누워 있는 모습을 발견했어요. 애벌레를 꼭 닮은 생물은 몸이 마디로 나뉘어져 있었어요. 몸길이 6m에 몸은 회색을 띠며 머리에는 뾰족한 귀 모양의 돌기가 있었다고 해요. 다음 날 같은 도로에서 다른 주민도 목격했어요. 그 생물은 유리를 긁는 듯한 기분 나쁜 소리를 내면서 천천히 움직였다고 해요. 원래 베이티르는

4장

UMA 사건 수첩

베이티르의 목격 증언과 특징이 유사한 작은멋쟁이나비의 유충. 몸길이는 3cm지만 무언가 관계가 있을지도 몰라요.

스코틀랜드에 전해 내려오는 전설 속 괴물이었는데 그것이 되살아난 것일지도 모른다며 큰 화제를 불러일으켰어요. 목격 정보는 이것 이외에는 거의 없고, 그 정체에 대해서는 아직 알 수 없는 것 투성이에요.

UMA 데이터

레어도	★★★		
몸길이	6m	장소	마을
모습	몸은 회색이고 머리에는 뾰족한 귀가 있음		
특징	유리를 긁는 듯한 기분 나쁜 소리를 내면서 움직임		
국가·지역	스코틀랜드		
가설	불명		

가축의 피를 빨아 먹는 붉은 눈의 헌터!

추파카브라

인간을 덮치는 흡혈귀로 유명한 UMA예요. 크기는 1~1.8m 정도. 무서운 붉은 눈과 송곳니, 등에는 일정한 간격으로 가시가 나 있어요. 5m나 되는 점프 능력을 지녔으며, 간혹 날개가 있어 하늘을 날기도 한답니다. 가축이나 인간을 덮쳐 피를 빨아 먹는데 물린 목 주변에는 여러 개의 구멍이 나 있어요. 추파카브라는 가늘고 긴 혀로 피를 빼앗아 간다고 해요.

1995년에 미국의 푸에르토리코 섬에서 여러 마리의 염소가 습격을 받아 처음으로 존재가 알려지게 되었어요. 그 뒤 칠레, 멕시코, 아르헨티나 등에서도 목격되면서 추파카브라에 의한 피해는 1,000건 이상으로 늘어났어요.

최근 털과 뼈가 채취되고 비디오로 촬영되면서 조금씩 그 정체를 알 수 있게 되었어요.

UMA 데이터

레어도	★★★	특징	가축과 인간의 피를 빨아 먹음
몸길이	1~1.8m	장소	마을	국가·지역	미국 등
모습	붉은 눈과 송곳니, 등에 가시가 있음	가설	동물의 돌연변이

4장

UMA 사건 수첩
추파카브라

File 1 날개를 가진 추파카브라도!

추파카브라의 혀 길이는 약 30cm예요. 매우 날카로워 먹잇감의 몸에 찔러 넣고, 직접 장기에서 피와 영양분을 뽑아갈 수 있다고 해요.
신기하게도 공격당한 가축 주변에 피가 튄 흔적이 전혀 남지 않았어요. 어쩌면 혀가 빨대 역할을 하는 것일 수도 있어요.
또한 추파카브라 중에는 날개 달린 종류도 있다고 해요.

인터넷에 투고된 추파카브라로 추정되는 사진.

File 2 추파카브라의 정체는······

추파카브라는 스페인어로 '빨다'라는 의미의 'chupar', '염소'라는 의미의 'cabra'가 합쳐진 말이에요. 이 UMA는 영어로는 '고트석커(Goatsucker)(염소의 피를 빨아 먹는 것)'로 불리기도 해요. 그 정체와 관련해 인공적으로 동물에 돌연변이를 일으켰다는 주장이 있어요. 그 밖에도 질병으로 털이 빠진 코요테를 잘못 본 것이란 설도 있지만, 피를 빨아 먹는 점 등 다양한 증거가 코요테와 일치하지 않아 최종 결론이 나지 않고 있어요.

> 병에 걸려 털이 빠진 코요테가 실체라고 주장하는 사람이 많아요.

File 3 가짜가 많은 추파카브라의 증거

최근 추파카브라의 것으로 보이는 털과 뼈가 채취되었지만 진짜인지 의심스러운 점이 많아요. 그리고 모조품을 이용한 증거 사진과 비디오 등도 교묘하게 제작되어 진위 판정에도 어려움을 겪는다고 해요.

우주인설이나 저지 데블(➡P14) 등의 UMA가 추파카브라로 목격되었다는 등, 해마다 정체와 관련된 주장이 늘어나고 있는 상황이에요. 무언가 결정적인 증거가 나오길 기대해 봐요.

즈바 포피

물어서 맹독을 주입하는 위험한 거대 거미

이 생물은 콩고의 깊은 밀림에 사는 거대한 독거미예요. 원주민의 언어로 즈바 포피(J'ba FoFi)라고 부르는데 '큰 거미'란 뜻이에요.
겉모습은 대형 타란툴라와 같아요. 다리를 펼치면 무려 1.5m나 된답니다. 다리와 몸에는 털이 있고. 유충 시기에는 몸 전체가 노란색을 띠지만 성장하면 갈색으로 변해요. 인간을 죽일 수 있을 정도로 강력한 독을 먹이에게 주입해요. 보통은 작은 새나 벌레, 작은 동물을 먹어요.

이 독거미는 땅 위에 둥지를 만들지만, 땅에 굴을 파고 먹잇감이 떨어지기를 기다린다고도 해요. 맨 처음 목격된 것은 1938년으로, 영국인 부부가 트럭을 타고 이동 중에 눈앞을 가로질러 가는 거미를 발견했는데 다리 길이가 1m 정도였다고 해요. 또 2001년에는 카메룬의 한 마을 부근에 이 즈바 포피의 둥지가 있다는 보고도 있었어요.

UMA 데이터

레어도	★★☆
몸길이	1.5m
장소	숲
모습	타란툴라를 대형화해 놓은 것 같은 몸
특징	먹잇감을 물고 독을 주입
국가·지역	콩고 등
가설	거미의 돌연변이

UMA 사건 수첩

이 거대한 거미의 특징은 몸의 크기를 제외하면 사진의 타란툴라와 거의 동일해요. 밀림에서 돌연변이를 일으켜 거대해졌을 가능성도 있어요.

물속을 헤엄치는 몸길이 18m의 거대 지네

베트남어로 지네를 의미하는 콘 리트는 동남아시아 여러 지역에서 목격된 바다에 사는 미확인 생물이에요.
1883년 베트남의 하롱베이에 죽은 콘 리트가 떠올랐어요. 그 크기가 무려 18m나 되었답니다. 온몸이 단단한 껍질로 싸여 있고, 몸은 60cm 간격의 마디 형태로 되어 있었어요. 그리고 일반적인 지네에게 있는 수많은 다리가 이 생물에게는 없었어요. 머리에 가까운 쪽은 올리브색을 띠고 꼬리는 녹색이에요. 보통은 물속에서 생활하는 것으로 추정되지만, 목격 정보가 적어 자세한 생태는 알 수 없어요. 단, 모습을 보면 몸을 꿈틀대며 물속을 이동할 것으로 추정된답니다.
이 콘 리트는 거대해진 지네이거나 단단한 껍질을 가진 신종 고래라고 해요. 실제로 현지에서는 '지네고래'라고 부르기도 해요.

UMA 사건 수첩

콘 리트의 사체가 떠올랐던 하롱베이. 목격 증언에 따르면 너비가 90cm로, 몸이 가늘고 길어요.

일본의 UMA는 요괴?

요괴란?

요괴란 옛날부터 일본에서 전해 내려오는 식물도 동물도 아닌 기묘한 존재로, 인간의 이해 수준을 뛰어넘는 기묘한 사건이나 설명하기 어려운 현상을 일으킨답니다.
옛날이야기에 등장하거나 괴담으로 전해지는 동시에, 인간이나 동물에 가까운 모습을 한 존재가 이따금 목격되어 책이나 그림에 담겨 현대까지 전해지고 있어요. 갓파나 누라리횬 등 한 번쯤 들어 본 적 있는 요괴가 있을 거예요.

다양한 요괴가 등장하는 『백귀야행』의 그림.

UMA와 요괴의 차이

UMA란 미발견, 미확인 생물을 가리켜요. 그에 비해 요괴는 애초에 생물인지도 명확하지 않을뿐더러 인간의 눈앞에서 사라지거나 다른 대상으로 변신하는 등 초현실적인 힘을 사용할 때도 있어요. 옛날 사람들은 지진이나 돌림병 등의 재앙 또는 사소한 우연들이 겹치면 그것도 요괴의 짓이라고 믿었어요.

지진을 일으키는 것으로 알려진 '큰메기'의 그림.

요괴와 특징이 비슷한 UMA

일본에서 목격된 UMA 중에는 옛날부터 전해지는 요괴의 특징과 유사한 것들이 많아요.
예컨대, 츠치노코(➡P44)는 산과 들의 요괴라는 노즈치의 모습과 크기가 꼭 닮았어요. 노즈치는 옛날부터 목격 정보가 많고 너무 비슷해서 현재는 동일한 것으로 추정하고 있어요.
히바곤(➡P102)의 특징은 야마와로라 불리는 산에 사는 갓파와 닮았어요. 야마곤이나 쿠이곤을 포함해 이들도 동일한 존재일지 몰라요.
이 밖에도 남극에서 목격된 남극 닝겐(➡P240)을 우미보우즈, 이리오모테 살쾡이(➡P26)는 바케네코라고 주장하는 설도 있어요.

1737년 요괴화집에 그려진 요괴 '야마와로'.

또한 갓파를 비롯해 오니, 인어 등 요괴의 미라로 추정되는 것이 일본 각지에 존재하고 있어요. 이들 미라에는 현재 생존하고 있는 생물과는 확연히 다른 특징이 있어요. 진짜인지는 조사하기가 어렵지만 미라로 남아 있는 것이라면 이들 요괴가 동물과 동일한 생물이었을 것으로 생각된답니다.
UMA라는 단어가 아직 일본에 없었던 시절에 수많은 미확인 생물이 요괴로 불리며 전해진 것일지도 몰라요.

1779년 요괴화집에 그려진 요괴 '노즈치'.

UMA 데이터

- **레어도**: ★★
- **몸길이**: 1~10m
- **장소**: 하늘
- **모습**: 지렁이처럼 몸이 가늘고 김
- **특징**: 몸을 꿈틀거리며 하늘을 날아다님
- **국가·지역**: 세계 각지
- **가설**: 우주에서 온 생물

플라잉 웜

우주에서 날아 온 지렁이형 비행 생물

플라잉 웜은 멕시코를 중심으로 세계 각지에서 목격되고 있는 벌레형 UMA예요. 지렁이처럼 가느다란 몸을 꿈틀꿈틀 구불거리며 하늘을 날아요. 그리고 몸에서는 강한 빛을 발산하는데 크기가 1~10m로 다양해요. 날개도 없는데 하늘을 날 수 있는 신기한 생물이랍니다.

2007년에는 멕시코에서 비행하는 모습이 목격되었고 2008년에도 역시 이탈리아에서 날고 있는 모습이 목격되었는데, 이때는 무지개빛을 내고 있었다고 해요. 최근 몇 년, 동영상이나 사진으로 이 비행 생물이 찍히는 경우가 많아졌어요.

또한 NASA의 우주 탐사기에서 목격한 것을 보면 플라잉 웜은 우주 공간에서도 살 수 있음을 알 수 있어요.

이런 목격 정보를 바탕으로 많은 연구자가 플라잉 웜이 우주에서 왔을 것으로 추정하기도 한답니다.

UMA 사건 수첩

비문증이라고 하는, 희미한 시야 속에 무엇인가 떠다니는 것처럼 보이는 질병이 있어요. 이 특징이 플라잉 웜과 비슷하여 연관성을 조사 중이에요.

나방과 인간이 합체? 빠른 속도로 사람을 뒤쫓는 공포의 생물

모스맨

모스맨은 1966~1967년에 미국의 웨스트버지니아주 일대에 출몰했던 미확인 생물이에요. 몸길이는 약 2m이고 온몸이 털로 덮여 있으며, 가슴 부분에 크고 붉은 눈이 튀어나와 있다고 해요. 등에 달린 큰 날개로 하늘을 날 수도 있고, 박쥐와 비슷한 소리를 낸다는 증언도 있어요.

첫 발견자에 따르면 드라이브 중에 갑자기 붉은 눈의 괴물이 자동차를 쫓아와 시속 160km로 도망쳤지만 금세 따라잡혔다고 해요.

또한, 일설에는 모스맨은 폴터가이스트 현상(이유 없이 비명이나 이상한 소리가 나고 물체가 혼자서 움직이거나 파괴되는 현상)을 일으킨다고 해요.

그 정체에 관해서는 검독수리를 잘못 본 것이란 설이 있는 한편, 빠르게 날 수 있다는 특징에서 플라잉 휴머노이드(→P236)와의 연관성도 생각해 볼 수 있어요.

UMA 데이터

레어도	★★★	특징	공중을 시속 160km 이상의 속도로 날 수 있음
몸길이	2m	장소	하늘
모습	온몸이 털로 덮여 있으며 가슴에 크고 붉은 눈이 있음	국가·지역	미국
		가설	검독수리

4장

UMA 사건 수첩

모스맨은 검독수리를 잘못 본 것이란 설도 있지만 얼굴의 특징과 크기에 상당한 차이가 있어요. 돌연변이일까요?

플라잉 휴머노이드

하늘을 떠다니는 기괴한 인간형 UMA

멕시코에서 여러 차례 목격된 에일리언형 UMA예요. 인간과 비슷하지만 목이 없는 섬뜩한 모습으로 공중을 떠다녀요. 크기는 3m 정도로 추정된답니다. 하늘을 날지만 날개나 비행 장치가 몸에 장착되어 있는 것은 아니에요. 2004년에는 경찰관이 순찰 중에 특징이 비슷한 생물에게 습격을 당했어요. 모습은 새까맣고 매우 흉측했다고 해요. 이 같은 생물이 세계 각지에서 발견되고 있어요.

UMA 데이터

- **레어도**: ★★★
- **몸길이**: 3m
- **장소**: 하늘
- **모습**: 검은색 몸, 목이 없는 인간
- **특징**: 성격이 난폭하고 하늘을 날 수 있음
- **국가·지역**: 멕시코
- **가설**: 불명

라이트 빙

맨눈으로는 볼 수 없는 수수께끼의 발광체

2007년 여름, 미국에서 촬영된 미확인 생물이에요. 주민이 앞마당에서 차를 찍고 나중에 사진을 보았더니 밝게 빛나는 수수께끼의 발광체가 찍혀 있었다고 해요.

사진에서는 큰 눈, 두 팔과 다리, 꼬리로 보이는 것이 확인되었어요. 이것을 촬영한 사람은 맨눈으로 볼 때는 보이지 않았다고 증언했어요. 정체와 관련해서는 요정설 등이 있어요. 사실 이런 신비한 발광체는 세계 각지에서 종종 목격되고 있답니다.

UMA 데이터

- **레어도**: ★★★
- **몸길이**: 50~60cm
- **장소**: 마을
- **모습**: 큰 귀, 두 팔과 다리, 꼬리가 있음
- **특징**: 하얗게 빛나며 맨눈으로는 볼 수 없음
- **국가·지역**: 세계 각지
- **가설**: 요정

UMA 데이터

- **레어도** ★★★
- **몸길이** 인간과 같은 정도
- **장소** 마을
- **모습** 인간 모양의 검은 그림자
- **특징** 갑자기 나타났다가 바로 사라짐
- **국가·지역** 미국
- **가설** 에너지 생명체

4장

그림자 인간

나타났다가 바로 사라지는 수수께끼의 그림자 인간

그림자 인간은 2006년부터 미국 각지에서 목격되고 있는 UMA예요. 모습은 새까만 그림자로, 유령처럼 나타났다가 사라지는데 동작이 매우 빠르다고 해요.

이 그림자 인간을 목격한 사람은 여러 기묘한 현상에 시달린다고 해요. 고열이 나는 등 몸에 이상이 생기거나 갑자기 폭발음이 들리거나 한다는 보고가 있었어요. 또한 갑자기 지진이라도 난 것처럼 눈앞에서 가구가 크게 흔들리기도 한다고 해요.

검은 그림자는 바로 사라지기 때문에 처음에는 목격자의 환각이나 착각 정도로 생각했었어요. 하지만 최근에는 비디오에 촬영되는 등 실제로 존재할 가능성이 높아졌어요. 한편 에너지가 무언가 눈에 보이는 형태로 변한 것일 수도 있다는 설도 있어요.

UMA 사건 수첩

그림자 인간의 정체는 무엇일까요? 일러스트와 같이 예전부터 두려움의 대상인 유령과의 연관성도 제기됐지만 진상은 밝혀지지 않았어요.

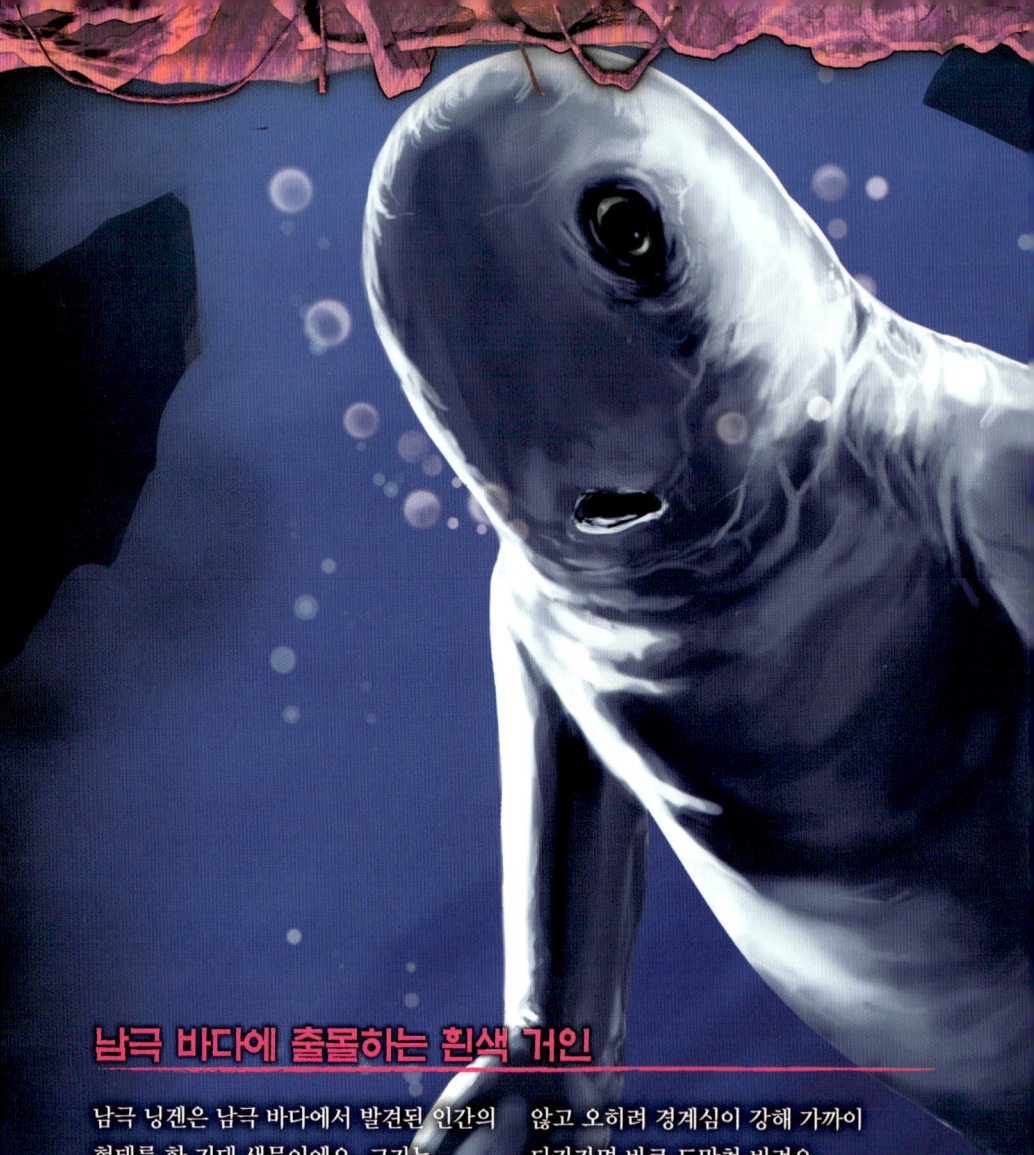

남극 바다에 출몰하는 흰색 거인

남극 닝겐은 남극 바다에서 발견된 인간의 형태를 한 거대 생물이에요. 크기는 20~30m 정도인데 몸 전체가 흰색이고 사람과 마찬가지로 머리, 몸통, 팔다리가 있으며 얼굴에는 눈과 입 같은 것이 있어요. 한편 코와 귀에 해당하는 부위는 보이지 않아요.
그중에는 인간의 상반신 두 개가 연결된 형태의 것도 있어요. 이따금 검은 닝겐도 목격된다고 해요. 성격은 공격적이지 않고 오히려 경계심이 강해 가까이 다가가면 바로 도망쳐 버려요.
이 닝겐은 불과 10년 전에 일본의 남극 관측대와 조사 포경선이 발견했어요. 해외 조사단도 이따금 마주치는 세계적으로 유명한 UMA지요. 한편 북극에서도 동일한 생물이 발견되었어요. 물속에 갑자기 나타난다는 점에서 정체를 신종 고래로 보는 사람들도 있어요.

4장

남극 닝겐

UMA 데이터

레어도	★★★
몸길이	20~30m
모습	인간과 꼭 닮았지만 몸 전체가 흰색임
특징	경계심이 강해 가까이 다가가면 바로 도망침
국가·지역	남극
가설	신종 고래

남극 닝겐

UMA 사건 수첩

File 1 — 일본 바다에 나타나는 요괴, 우미보우즈

남극 닝겐은 남극 바다에 서식한다고 여겨지고 있지만, 무슨 이유에서인지 그 목격 정보의 제보자는 일본인인 경우가 많아요.
옛날부터 일본에 잘 알려진 바다 요괴, 우미보우즈의 모습이 거대한 인간의 형상을 한 남극 닝겐과 매우 닮았어요. 단, 우미보우즈는 바다를 거칠게 만드는 등 인간에게 해를 끼치기 때문에 남극 닝겐보다 질이 좋지 않아요. 이 두 생물은 다른 생물일 수도 있고, 우미보우즈가 남극으로 이동한 동일한 생물일 수도 있어요.

남극 닝겐과 꼭 닮은 요괴, 우미보우즈의 모습.

File 2 남극 닝겐의 정체는……

남극 닝겐은 멀리서 보면 단순한 빙산으로만 보이지만 잘 보면 피부가 반질반질하다는 것을 알 수 있어요. 덧붙이자면 북극에도 남극 닝겐과 유사한 UMA가 나타나는데, 전문가에 따르면 북극에 나타나는 것을 '히토가타'라고 불러 남극 닝겐과 구별한다고 해요.
그 크기 때문에 온몸이 새하얗게 돌연변이를 일으킨 고래라는 설이 있는가 하면 플라잉 휴머노이드(➡P236)와 동일하게 보는 시각도 있어요.

바닷속 빙산에 남극 닝겐이 살고 있을지도 몰라요.

File 3 위성 사진에 찍힌 남극 닝겐

2007년, 지구의 주변을 도는 인공위성에서 보내온 영상에 흰 물체가 찍혀 화젯거리가 되었어요. 장소는 아프리카 남부 나미비아 서해안 앞바다. 크기는 약 18m로, 남극 닝겐의 모습에 가까웠어요. 현재는 볼 수 없지만 오래간만의 UMA 출현 뉴스를 전 세계에서 다루었어요. 다만 단순한 물보라일 가능성도 높아 그 진위는 알 수 없어요.

UMA 데이터

- **레어도** ★★☆
- **몸길이** 1.2m
- **장소** 마을
- **모습** 머리가 이상하게 크며 얼굴에 눈만 있음
- **특징** 인간을 빤히 쳐다봄
- **국가·지역** 미국
- **가설** 실험동물, 외계 생명체

도버 데몬

갑자기 주택가에 출현! 귀도 코도 없는 생물

미국의 매사추세츠주에 있는 고급 주택가, 도버에 나타난 미확인 생물이에요.
맨 처음 목격된 증언은 1979년 4월의 깊은 밤이었어요. 세 명의 소년이 근처 담 위에서 낯선 생물을 발견했어요. 인간의 모습을 하고 있지만, 머리가 이상할 정도로 크고 얼굴에 눈 이외의 다른 부위는 없었다고 해요. 묘하게 빛나는 눈으로 빤히 쳐다보았다고 해요.

게다가 이 생물은 원숭이처럼 팔이 길고, 3~5개의 가늘고 긴 손가락도 확인할 수 있었답니다.
이 UMA는 '도버 데몬'으로 불리게 되고, 그 뒤에도 주택가 이곳저곳을 누비며 큰 소동을 일으켰다고 해요. 정체와 관련해서는 애완 원숭이설과 도망친 실험동물설이 있는데, 유명한 에일리언 '리틀 그레이'와 흡사해 외계 생명체설을 주장하는 사람도 있어요.

UMA 사건 수첩

목격담에 따르면 사진 속 에일리언의 일종인 리틀 그레이처럼 지구 밖에서 온 생명체일 가능성도 있어요. 키는 아담한 인간 정도로, 머리도 크고 공통점이 많아요.

익스플로딩

건드리면 폭발하는 무서운 뱀

러시아 남서부, 카스피해 연안에 있는 칼미키야 공화국에 있다고 전해지는 기괴한 뱀이에요.
직역하면 '폭발하는 뱀'이 되는데, 그 이름대로 막대기로 찌르거나 두드리면 갑자기 터져 버린다고 해요.
게다가, 그 뒤에는 끈적끈적한 천 조각 같은 것이 남고, 뱀은 흔적도 없이 사라진다고 하니 정말 이상해요.
그 천이라는 것이 뱀의 가죽일 가능성이 높아요.
정체는 지렁이를 많이 닮았다는 점에서 무척추동물일 거란 설이 유력해요.
한편, 폭발과 관련해서는 두드리면

스네이크

UMA 사건 수첩

외부의 자극을 받으면 폭발하는 말레이시아개미. 익스플로딩 스네이크 역시 이와 동일한 구조로 폭발하는 것일지도 몰라요.

생물의 몸속에 가스가 쌓이고 그것이 폭발의 원인이 된다고 추정하고 있어요. 하지만 목격 정보가 매우 적어 진실을 알 수가 없으므로 앞으로의 조사가 기다려지는 UMA예요.

UMA 데이터

레어도	★★★
몸길이	60cm
장소	불명
모습	뱀이나 지렁이와 유사함
특징	두드리면 폭발함
국가·지역	러시아
가설	무척추동물

휴머노이드형 UMA

섬뜩한 모습으로 밀림을 배회하는 인간형 UMA

휴머노이드형 UMA는 2014년, 브라질의 밀림에서 목격된 비교적 새로운 미확인 생물이에요.
크기는 50cm 정도이고 몸무게는 20kg으로 인간 어린이만 한 크기예요. 머리가 커서 체형의 균형이 잘 맞지 않아요.
얼굴에는 코와 입 같은 것이 있는 반면, 눈이 없고 피부가 반들반들해요. 사족 보행을 하며 행동이 동물에 가까워요.

목격담에 따르면 무슨 이유에선지 썩은 고기를 즐겨 먹는다고 해요. 아마존에는 미지의 생물이 많기 때문에 신종 생물일 거라고 생각하는 사람이 많아요.
다만, 현지에서는 오래전부터 아르헨티나에 전해 내려오는 전설의 괴물 '로빈슨'일 수도 있다고 믿고 있어요.
목격 정보는 적지만 실제로 비디오에 찍혀 인터넷으로 이 UMA의 영상이 유포되자 그 괴상함에 이목이 쏠렸어요.

UMA 데이터

- **레어도**: ★★★
- **몸길이**: 50cm
- **장소**: 숲
- **모습**: 인간과 유사하지만 눈이 없고 피부가 반들반들함
- **특징**: 사족 보행을 하며 썩은 고기를 즐겨 먹음
- **국가·지역**: 브라질
- **가설**: 신종 생물

UMA 사건 수첩

휴머노이드형 UMA는 동영상으로 촬영되었어요. 매우 기괴한 이 영상에는 포유류의 갓난아기 모습을 한 생물이 꿈틀거리고 있었어요. 탯줄로 보이는 것도 찍혀 있었어요. 이것은 휴머노이드형 UMA가 막 태어난 모습일지도 모르겠어요.

몽골리안 데스 웜

사막에 살며 인간을 덮치는 위험 생물

몽골의 고비 사막 주변에 서식하는 거대한 지렁이나 유충과 같은 미확인 생물. 모습이 마치 소의 장과 비슷해 현지에서는 올코이코르코이(장충(腸蟲))라 부르기도 해요.
몸길이는 약 60cm지만 커질 경우 1.5m까지 거대해진다고 해요. 머리가 없고 몸통에 직접 붙어 있는 입을 크게 벌려 먹잇감을 삼켜요. 몸은 붉은 기가 돌지만 간혹 발광하는 모습을 목격한 사람도 있어요.
성격은 난폭해서 매우 위험해요. 생태에 관해서는 알려지지 않았지만 보통은 굴속에 있다가 사막에 비가 내리는 시기가

4장

찾아오면 나타난다고 해요.
독을 품은 식물을 먹고 그 성분을 몸 안에
축적했다가 독액으로 먹잇감을 사냥해요.
실제로 그 독으로 죽은 사람이 많았다고
하니 무서운 생물임을 알 수 있지요.
또한 일정 거리 떨어져 있어도 전류를
발산해 쇼크 공격을 한다는 설도 있어요.

UMA 데이터

레어도	★★★
몸길이	60cm~1.5m
장소	사막
모습	몸이 붉은색을 띠는 거대한 지렁이 혹은 유충
특징	독을 먹잇감에 내뿜음
국가·지역	몽골
가설	지렁이, 전기뱀장어

UMA 사건 수첩
몽골리안 데스 웜

File 1 7m나 되는 거대 지렁이의 일종?

몽골리안 데스 웜의 정체와 관련해서 지렁이도마뱀, 지렁이 등 다양한 생물이 후보로 꼽히고 있어요. 또, 전기 충격 공격을 한다는 점에서 전기뱀장어의 일종일 수 있다는 의견도 있어요.
한편, 세계에서 가장 큰 지렁이로 불리는 사진 속 미크로카에투스 라피(Microchaetus rappi)의 일종이란 소문도 있어요.
남아프리카에 서식하는 이 지렁이는 최대 7m 가까이 성장한다고 하니 가능성이 높아 관련성에 대해서는 조사 중에 있어요.

거대 지렁이, 미크로카에투스 라피의 사진.

File 2 · 각국의 과학자가 조사 중

몽골리안 데스 웜이 처음 발견된 시기는 1800년대 초로, 러시아의 과학자들이 발견하여 조사가 이루어졌어요. 이때는 그 독으로 수백 명이 사망했다고 해요. 그런데 러시아 국내 사정으로 인해 조사는 중단되고 말았어요.
그 뒤 조사가 다시 시작되자, 1990~1992년에는 체코의 동물학자가 현지에서 많은 목격담을 수집했어요. 최근에는 다른 나라에서도 조사가 이루어져 진상 규명에 힘이 실리고 있어요.

서식지로 알려진 고비 사막. 너무나 넓고 커서 조사에 어려움이 있어요.

File 3 · 많은 사망자를 낸 공격

많은 사망자를 낸 몽골리안 데스 웜의 독. 노란색 증기 형태를 띠며, 닿으면 마치 불에 타는 듯한 강한 통증을 느낀다고 해요. 이 독은 왠지 7월이 지나면 독성이 약해진다고 하네요.
몽골리안 데스 웜이 먹는 먹이나 우기 등의 기후와 관계가 있을지 몰라요. 또한, 전류 공격을 한다고 하는데 학자 중에서는 부정적인 의견도 많고 수수께끼가 많은 UMA예요.

UMA 서식 지도

유럽 각지
- 크라켄 P176

노르웨이
- 셀마 P142

영국
- 에일리언 빅캣 P50
- 와일드 해기스 P64
- 아울맨 P76
- 네시 P162
- 모르가우어 P192
- 베이티르 P220

아일랜드
- 다르쿠 P40
- 페이스테 P182

스웨덴
- 스크베이더 P18
- 스토르시에 P149

몽골
- 몽골리안 데스 웜 P250

아이슬란드
- 스크림슬 P174

중국
- 야인 P118
- 닝보 P180
- 태세 P216

오스트리아
- 타첼부름 P70

터키
- 반 호수의 괴물 P130

태국
- 나가 P144

프랑스
- 제보당의 괴수 P58

네팔
- 예티 P80

필리핀
- 아스왕 P108

이탈리아
- 플라잉 호스 P65

인도
- 몽키맨 P120
- 나가 P144

베트남
- 콘 리트 P228

감비아
- 기아파이로 P54
- 닌키 난카 P132

케냐
- 난디곰 P34

세네갈
- 기아파이로 P54

말레이시아
- 토욜 P200

카메룬
- 오리티우 P32

잠비아
- 콩가마토 P52

인도네시아
- 오랑 이칸 P84

콩고
- 에밀라 은투카 P66
- 모켈레 음벰베 P194
- 응뎅덱키 P210
- 즈바 포피 P226

남아프리카 공화국
- 그루츠랑 P48
- 바워코지 P106
- 트렁코 P140
- 인카냠바 P158

남극
- 남극 고질라 P190
- 남극 닝겐 P240

전 세계에 걸쳐 목격 정보가 수집되고 있는 UMA들의 서식지를 지도상에서 살펴보도록 해요. 아무래도 종류별 보고 사례가 가장 많은 나라는 미국이에요.

러시아
- 알마스 P124
- 하일 호수의 괴수 P184
- 익스플로딩 스네이크 P246

캐나다
- 빅풋 P98
- 테티스 호수의 반어인 P112
- 캐디 P160
- 오고포고 P168

세계 각지
- 윙캣 P29
- 시 서펜트 P134
- 스카이 피시 P202
- 글롭스터 P204
- 플라잉 웜 P232

일본
- 이리오모테살쾡이 P26
- 츠치노코 P44
- 이노곤 P53
- 히바곤 P102
- 나미타로 P154
- 굿시 P170
- 잇시 P172

파푸아 뉴기니
- 로펜 P42
- 미고 P148

오스트레일리아
- 요위 P94

미국
- 저지 데블 P14
- 빅 버드 P20
- 샌드 드래곤 P24
- 고우로우 P30
- 재카로프 P56
- 스컹크 유인원 P78
- 고트맨 P86
- 리자드맨 P92
- 빅풋 P98
- 미시건 도그맨 P104
- 프로그맨 P107
- 포크 몬스터 P116
- 허니 스왐프 P126
- 챔프 P138
- 멤프레 P188
- 플랫우즈의 괴물 P212
- 나이트 크롤러 P218
- 추파카브라 P222
- 모스맨 P234
- 라이트 빙 P237
- 그림자 인간 P238
- 도버 데몬 P244

멕시코
- 플라잉 휴머노이드 P236

바하마
- 루스카 P152

베네수엘라
- 모노스 P88

파라과이
- 카벙클 P28

아르헨티나
- 나후엘리토 P150

뉴질랜드 앞바다
- 뉴네시 P191
- 카바곤 P173

칠레
- 타구아 타구아 라군 P62
- 칠레의 익룡형 UMA P68

브라질
- 마핑과리 P16
- 바이아 비스트 P110
- 미노카오 P208
- 휴머노이드형 UMA P248

- **감수** 아마노 미치히로
  1960년 도쿄에서 태어남. UMA를 조사·연구하는 '괴수특수 U-MAT'의 대장. UMA 피규어 제작을 감수. 저서 『정말로 존재하는 세계의 미지생물 UMA 안내』, 『미확인생물학』(다케무라 마사하루 공저), 『방송 금지 영상 대전』 외 다수. 출연 경력 『홈마뎃카!?』(이게 실화냐!?) TV, 『기적 체험! 언빌리버블』, 『다케시의 토도리키 베이스』, DVD 『미야우치 히로시 탐험대의 초현실 현상 시리즈 – 환상의 생물 츠치노코를 잡아라!』 등.
  쇼와의 괴수영화·특수촬영프로그램 마니아. 네시, 플랫우즈의 괴물 등의 UMA를 좋아함.

- **역자** 이진원
  경희대학교 일어일문학과를 졸업하고 현재 번역 에이전시 엔터스코리아 출판 기획 및 일본어 전문 번역가로 활동하고 있다. 『최강왕 공룡 배틀』, 『소 동물 도감』, 『작은 동물 기르기 263』 등 50권이 넘는 책을 번역한 베테랑 번역가다.

- **일러스트** 아이마 타로, gozz, 사카이 유우키, 세이신안코쿠가이 코우, 난바키비, 무피루, 하네쿠라보

- **디자인** 시바 도모유키, 야마기시 마키, 기타가와 요코, 리 간(STUDIO DUNK)

- **편집 협력** 모치다 케이스케, 치바 유타(Studio Porto), 호즈미 나오키

- **자료 제공** 아프로, 유니포토프레스, 피크스타, iStock/Getty Images, 우오즈수족관, 주식회사 코어북스, 고세카이노 주닌, 하쿠바 산록 국민 휴양지 운영 협의회, tey, Fair Dinkum Seeds, (유) 히바 관광 센터 사와이 토시오

코믹컴

초강력! 세계 UMA 미확인 생물 대백과

감수 아마노 미치히로
역자 이진원
찍은날 2019년 5월 21일 초판 1쇄
펴낸날 2023년 8월 25일 초판 3쇄
펴낸이 홍재철
편집 정연주
디자인 박성영
마케팅 황기철·안소영
펴낸곳 루덴스미디어(주)
주소 경기도 고양시 일산동구 무궁화로 43-1, 604호(장항동, 성우사카르타워)
홈페이지 http://www.ludensmedia.co.kr
전화 031)912-4292 | 팩스 031)912-4294
등록 번호 제 396-3210000251002008000001호
등록 일자 2008년 1월 2일

ISBN 979-11-88406-29-6 74900
ISBN 979-11-88406-30-2(세트)

결함이 있는 책은 구입하신 곳에서 바꾸어 드립니다.
값은 뒤표지에 있습니다.

이 도서의 국립중앙도서관 출판시도서목록(CIP)은 e-CIP홈페이지
(http://www.nl.go.kr/ecip)에서 이용하실 수 있습니다. (CIP제어번호 : CIP2019017948)

Original Japanese title : DAIHAKURYOKU! SEKAI NO UMA MIKAKUNIN SEIBUTSU DAIHYAKKA
Copyright © 2016 by Michihiro Amano
Original Japanese edition published by Seito-sha Co., Ltd.
Korean translation rights arranged with Seito-sha Co., Ltd.
through The English Agency (Japan) Ltd. and Eric Yang Agency, Inc